改變對話方式，讓夫妻關係更融洽

不機嫌な妻、無関心な夫：うまくいっている夫婦の話し方

鬱鬱寡歡的妻子
無動於衷的丈夫

五百田達成 著　楊鈺儀 譯

前言　相處融洽的夫妻間對話方式

各位夫妻之間相處融洽嗎？

如果大致上可以說是融洽的，那就太好了。

因為，只要夫妻間相處融洽，幾乎就能克服所有問題。

是這樣沒錯，對吧？

能與對方商量、能信賴對方、能向對方求助、能把所有事對對方說、能和對方一起笑開懷。若有這樣的人在身邊，人生不論發生了什麼，都依然能感到安心。

但是，如果兩人相處不融洽，就會讓人有點擔心了。

夫妻間若相處不融洽，各種事情的狀況都會很糟糕。

大家不這麼覺得嗎？

在一起不快樂、話不投機半句多、遇上危機時無法獲得幫助，也無法共享喜悅。和這樣的人住在同一個空間裡、一起共度人生，雖然不至於說是最糟糕的情況，但也是有些辛苦的。

- **夫妻間的對話減少了**
- **覺得對方好像有重要的事情沒有告訴自己**
- **有時會不滿的覺得「好像只有自己很辛苦」**
- **感受到「不應該是這樣」的落差**
- **不知道是不是因為愛冷卻了，無法溫柔對待對方**
- **孩子獨立出去後感到不安**

如果在你心中有任何一絲這樣的感覺，就請繼續閱讀下去吧！這本書就是寫給有這些疑慮的你。

○夫妻間相處不順的原因是？

那麼說起來，夫妻間為什麼會相處不融洽呢？

直截了當的說，是因為「夫妻間的對話」不順利。

當然也有現實中碰上了難題，像是家事、育兒很辛苦或親人有些問題等。但是只要夫妻間能好好溝通，事情總會朝向能解決的方向發展。

反過來說，即便沒碰上什麼大事或不幸，不但有錢還很幸運，只要夫妻間無法互相溝通，兩人的關係就會瀕臨危險，每天的生活都會籠罩著陰影。

說到底，夫妻間要相處融洽，就是彼此要能順利溝通。所謂的夫妻關係好，指的就是夫妻間能順利對話。

夫妻是一種關係，夫妻關係就是每天的溝通。

為了讓夫妻關係圓滿，夫妻間的對話是不可或缺的。

反過來說，只要夫妻間能順利對話，夫妻關係就會好。

這本書是讓夫妻間對話順利，解決夫妻間溝通不良，最終讓夫妻關係歸於圓滿的一本書。

我自我介紹得晚了。

我是五百田達成。我活用了編輯、廣告策劃人及心理諮商師的經歷，寫成了這本結合溝通與心理的書。

我還寫了許多有助改善周遭人際關係說話方法的書，像是以男女性為主題的書《男人為何不明察，女人幹嘛不明說：37條同理溝通潛規則，教你怎麼說都貼心》（方舟文化）、以手足出生順序為分析主題的書《悶悶不樂的長子長女&不負責任的么子么女：從「家中排行」分析性格特質&溝通方式》（楓書坊）等。還請大家多多指教。

○相處融洽的三種夫妻類型

這次，我著重思考有關夫妻間的對話方式，並訪問了許多人。

結果得知相處融洽的夫妻大致可分為三種類型，而他們都有各具特色的溝通方式。

以下就是這三種類型。

❶戀人型

夫妻彼此互相喜歡，十分恩愛，夫妻對彼此都保持著交往時期般的戀愛情感，相處得非常融洽。

這類型的溝通特徵就是多會「表現出愛」。平常就會互相說些「我很愛你喔」「我最喜歡你了」之類的愛語，也會頻繁做出牽手、擁抱、親吻等肌膚親密接觸。像是會重視並慶祝紀念日、在人前讚揚對方，這類事情也會自然而然的去做。透過這些舉動，確實表現出體諒及關懷，自然能維持彼此的戀愛情感。

❷戰友型

這類型夫妻是價值觀彼此相合，做起事來很幹練的同志夥伴，像戰友般會一起操持家庭。

這類型溝通的特徵就是多「擁有共同的遠景」。透過夫妻間充分商量後，確實訂定出在幾歲前買房子、要生幾個小孩等的計畫。此外，即便是小事，兩人也都一定會互相報告、聯絡、討論，藉由這樣的方式，一起經營名為「夫妻」的企業。

❸同居人型

這類型是因為彼此在一起感到輕鬆而結婚的時尚夫妻，是有著如分租公寓室友般距離的夫妻。

這類型溝通的特徵就是會確實決定好「規則及禮貌」。兩個人彼此都是獨立自主的，所以從使用洗臉檯的方法到晾乾毛巾的方法，以及家事的分擔都會訂好規則並遵守，以實現沒有壓力的共同生活。這類型也經常會對彼此說「謝謝」、謹記禮貌和體貼，保持對彼此來說都能感到舒服的空間與適度的距離感。

大家覺得如何呢？

各類夫妻是否能想像得出用各自的方式讓夫妻關係圓滿的景象呢？

○改變說話方式，夫妻間的關係就會改變

本書中將以上述三種類型夫妻實際會做的溝通為基礎，針對各種說話方式、表達方式、傾聽方式給予建議。

再重複一遍，夫妻關係也是人際關係，夫妻關係就是溝通。因此只要稍微改變一下日常的溝通方式，夫妻間的關係就會確實改變。

例如

- **即便不好意思，也要說「喜歡你」「謝謝」**
- **拜託對方做事情時，不要說「去做〇〇」，而是說「可以幫我〇〇嗎？」**
- **對方找自己商量時，和對方一起煩惱：「該怎麼辦才好呢？」**
- **難以啟齒的事，用「扮演另一個人」的方式來說**
- **想受到稱讚時，坦率表現出「稱讚我吧」**

只要改變一下說話、回應、句式的結尾，對話就會瞬間變圓滑起來，夫妻間的關係也會一口氣變好，連難以啟齒的話也都說得出口了。

這麼做之後，夫妻間的對話次數就會逐漸增加，最後將能獲得如下的成效：

- **不會因為忍耐住難以啟齒的話不說而煩躁**
- **不會因家事、育兒的分擔不均而不滿**
- **能談論照護以及教育費的話題，不再獨自一人感到不安**
- **能再度對對方湧現愛情**

• 夫妻關係變好，家中歡笑增多

沒錯，也就是說，夫妻間能相處融洽。

在此，再度詢問各位一次。
你們夫妻間的關係好嗎？
若是好，那就真的太好了。可以讓人打從心底感到放心。

但是，如果不好……
在這本書裡，寫有確實讓夫妻關係變好的提示。請務必閱讀下去。

那麼，開場白寫得有些長了。

接下來，終於要開始介紹能瞬間解決家庭中的焦躁、煩悶，以及難以溝通問題的「夫妻對話方式練習」。

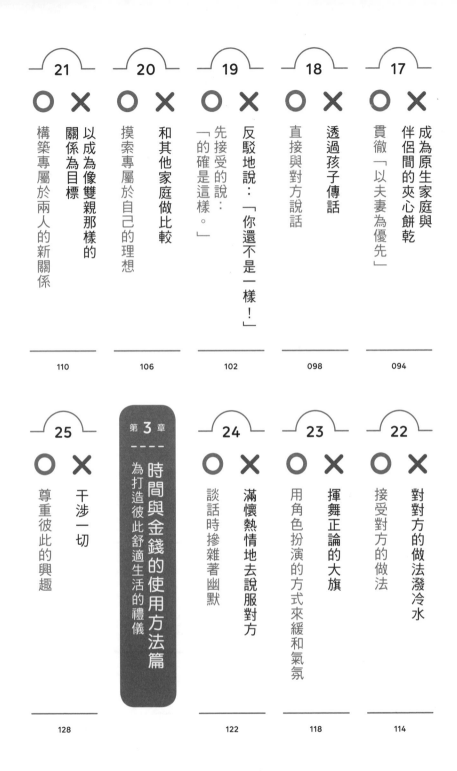

第3章 時間與金錢的使用方法篇

為打造彼此舒適生活的禮儀

第4章
日常生活篇
常保愛情的訣竅

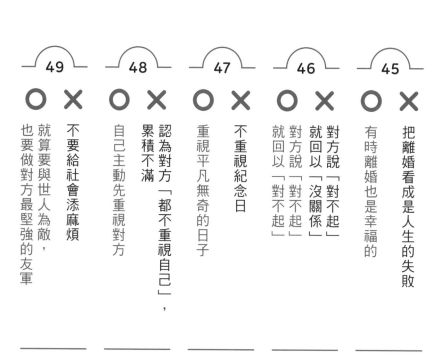

妻類型！

請記下符合的項目數

- [ ] 經常會爭吵著：「你為什麼不理解我？」
- [ ] 放假時盡可能想一起過
- [ ] 即便對對方有不滿，多少也會「睜一隻眼閉一隻眼」

- [ ] 兩人的收入共有並確實管理
- [ ] 盡彼此的義務，希望是雙方都能有所成長的關係
- [ ] 若發生問題，立刻報告、聯絡、討論
- [ ] 會多多利用家事服務

- [ ] 雖決定好了誰分擔什麼家事，但有困難時會互相合作
- [ ] 顧慮彼此，難以做決定
- [ ] 盡可能避開照護雙親以及與金錢有關的尷尬話題

兩人是戀人？戰友？同居人？

夫妻溝通類型的檢測表

檢測你們的夫

計分方法

從下頁檢測右表中勾選出最多的「夫妻類型」

戀人型夫妻

- □ 經常說「喜歡」「愛」等話語
- □ 重視擁抱、牽手等肌膚相親
- □ 好好慶祝紀念日
- □ 期望兩人一起分擔家務、育兒

戰友型夫妻

- □ 結婚時，重視價值觀與家庭圖像
- □ 想打造一個專屬於自己的家
- □ 經常討論未來的生活、孩子的教育與雙親的照護

同居人型夫妻

- □ 在一起時覺得舒服，有安心感
- □ 尊重彼此的興趣與堅持
- □ 不知道對方花了多少錢在興趣上
- □ 感謝對方為自己做的事

戀人型

因為喜歡才在一起。「心情」就是能量的恩愛夫妻。

這類型夫妻是像交往時期那樣，因為戀愛感情而相結合的。

這類型夫妻重視的是「彼此的心情」，他們在根本上是志同道合的夥伴、氣性相投、彼此相愛。

他們的溝通特徵是很多「愛情表現」。他們平常就會說「我很愛你喔」「我最喜歡你了」，也經常會做出牽手、擁抱、親吻等肌膚親密接觸。

兩個人除了會慎重地慶祝紀念日，也會自然地在人前稱讚對方。

就像這樣，在日常中藉由反覆確認彼此的心意，自然能維持戀人氣氛。

○過於仰賴心情而有造成誤會的危險

因為兩人的相處有絕大部分都是仰賴心情，所以在一般的聯絡上就容易變得馬虎。

如果不把話出口，只是想著「靠著『阿吽』呼吸法*應該就能把心意傳達給對方」

兩人基本上一直都在一起。其中所含有的是不會動搖的愛。

「因為彼此相愛，他應該會為我做這件事」，就會產生出意料之外的誤會。有時也會發生爭執：「你為什麼不能理解我？」

又或是「不想把事情鬧大」時，就算有介意對方生活習慣之處也會裝作沒看到，默不作聲地累積壓力。

在漫長的婚姻生活中時而升起戀心，時而感到失望，情緒上會有這樣的起起伏伏。

在這種時候，我們不僅是要表現出積極的愛情，希望大家也能養成習慣，不論是負面的心情還是小抱怨，都不要悶在心裡，要說出口。

不要過於仰賴「愛」這樣的感情，有時也要談一談兩人的人生目標、決定共同生活的規則及禮節，只要這麼做，就能成為取得良好平衡的夫妻。

*註：阿吽呼吸法，指不用多說話，默契十足，心有靈犀之意。

戰友型

因為價值觀相合才在一起。
「計畫性」就是能量的幹練夫妻。

這類型的夫妻像是一起妥善料理家務的戰友。

這類型夫妻重視的是「價值觀」。他們成為夫妻的原因是有一致的願景，像是今後想過什麼樣的生活？想怎麼養育孩子？

他們溝通的特徵就是分享「計畫」。幾歲前買公寓？要生幾個小孩？夫妻間對這些都共同有著明確的規劃。即便是一點小事，也勤於向對方報告、聯絡、討論，盡到各自的責任義務。除了清楚掌握彼此的收入，也非常關心父母的照護以及孩子的教育。

他們的關係就像是為構築自己理想家庭而在一起奮鬥的商業夥伴般。

○也有可能會變成實務性的關係

兩人間的溝通嚴謹而不隨便。

雖每天都好好面對彼此、勤於磨合雙方意見不合處，但偶爾也會有感到喘不過氣來

兩人朝向同一目標向前奮鬥。那顆明星一定會指引我們的。

的時候，也會很實務性地指責對方：「這和之前說的不一樣」「明明都已經決定好要那樣了」。

又或者是，一旦達成了人生計畫，就覺得精力燃燒殆盡，突然就會對專屬於兩個人的時間感到不知所措。

在長時間的婚姻生活中，也會有提不起熱情，感到疲累的時候。

在彼此都覺得脆弱的時候，不要只進行毫無破綻的完美對話，也要做點輕鬆的事，像是說些不著邊際的話，或是傾聽對方無處宣洩的抱怨。

不要過於依賴「價值觀一致」這點，只要體貼對方、維持讓人覺得舒服的關係，適時表現出愛來鼓舞對方，就能讓夫妻關係更為平順。

同居人型。

因為輕鬆才在一起。以「自立與距離感」為能量的時尚夫妻。

這類夫妻有著如分租公寓室友般的距離感。

這類夫妻重視的是「在一起很輕鬆」的感覺。他們彼此不干涉對方的興趣與時間，不會去打擾對方的生活，有著朋友關係延伸般的好心情，就是這類夫妻的特色。

他們的溝通特徵是先決定好「規則」。兩個人彼此都是自主獨立的，所以從洗手檯的使用方式、晾乾毛巾的方法到家事分擔等都會先決定好規則，並確實遵守，藉此實現沒有壓力的共同生活。

他們會頻繁向對方說「謝謝」，會謹記禮貌及體貼。

他們也不會過於干涉對方的收入狀況或是父母家的問題，會保持適度的距離。

○稍微出現一點變化，就會走上各自的道路

他們之間的關係很瀟灑，會讓人覺得彼此相敬如賓。

丈夫煮菜，妻子讀書。就算做著各自的事情，心情也莫名的好。

兩人的連結很鬆散，要分開也很簡單。若是一方的價值觀或心情出現了改變，像是喜歡上他人、之前雖然說不要卻又突然想要孩子、突然想去國外居住等時，彼此也會果斷的認為：「生活風格不合了呢」「不用勉強在一起也沒關係啊」，會毫無抗拒的選擇離別。

在多年婚姻生活中，也會有碰到意想不到的問題或挫折的時候。

無法靠規則及禮節等成人方式溝通解決的問題也會增加。這時候，就需要其他能量來維持，像是「熱情」「兩人的羈絆」等。

別過於相信「彼此是獨立自主的關係」，把喜歡說出口，讚揚對方，偶爾認真討論兩人對未來的願景，就能取得更平衡的夫妻關係。

第 1 章

基本篇

希望大家能銘記在心的
五項夫妻規則

夫妻關係

01

「要喝咖啡嗎？」
「不要……」
「要再吃一碗飯嗎？」
「我已經吃飽了……」

這是非常普通常見的夫妻對話。

不過，在這樣的對話中卻完全遺漏了溝通的大前提。

那就是要去顧慮、體貼對方。

「要喝咖啡嗎？」若這麼問的人不是自己的丈夫或妻子，而是朋友或同事，你會怎麼回答？

只說「不要」就結束實在有點失禮。**若是有常識的成年人，應該會對對方想幫自己泡咖啡的心意表達出感謝才對。**

「謝謝，不過不用了。」

「我已經吃飽了……謝謝你的招待！」

就像這樣。

○伴侶既不是父母也不是手足

但是，一旦變成了夫妻間的對話，卻有很多人會忘記這個基本道理。

因為大家會把對方想成是「家人」，會天真的覺得「對方是家人，說話草率一點沒關係」。

夫妻兩人都有各自的父母與手足等「家人」，也有**許多人會對家人撒嬌或依賴**。可能有人會深刻地認為：「對方很愛我，會包容我。就算什麼都不說，也能理解我。就算做些過分的事，也不會這麼簡單就捨棄我。」（當然也會有人說這是「安心感」或「安穩」）。

「我的襪子在哪裡？」

「飯還沒煮好嗎？」

相信幾乎所有人都有過這種經驗，一般絕不會對他人說這種沒禮貌的話，卻會對家人說。之所以會被包容，是因為接受方有著寬容的愛，或只是勉勉強強接受的。也就是說，因為對方是「家人」。

結婚成了夫妻的兩人既不是會無條件包容自己的父母，也不是用「阿吽」呼吸法就能心意相通的手足。**夫妻終究是兩個外人的組合。將同是成年人的對方好好當成外人來尊敬、體貼，是很重要的。**不可以過度撒嬌，也不可以說些沒禮貌的話，因為夫妻彼此不是「家人」（就算真是家人也不行）。

每個人的家庭觀都各有不同。

「家人就是這樣的啊」的「這樣」會因不同人而大不同。有人認為「家人就是會包容一切、互相幫助」，但也有人認為，雖說是家人，但「大家都是各自獨立的，不該互相干涉」。這其中當然沒有正確或錯誤答案。因此把伴侶與外人一視同仁地對待是最剛好的。

POINT

夫妻是外人，不要隨便說出沒禮貌的話。

夫妻的規則及禮節

02

✕

因為是自己家，想做什麼就做什麼

○

遵守作為同居人的規則及禮節

面對丈夫或妻子時，為了不要像對原生家庭的家人那樣撒嬌，試著把對方當成「分租公寓的室友」這招很有效。

雖然也有夫妻是分居兩地的，但大部分夫妻應該還是在同一個屋簷下共同生活。夫妻之間的關係，除了有「喜歡對方」或「共同經營家庭的伴侶」的一面，「同居對象」的這一面也占了很大一部分。

基本來說，在分租公寓中，為了讓一起居住的室友和自己都過上舒適的生活，會制訂些規則。

打掃浴室及廁所是輪流制、禁止讓各自的朋友借宿等，除此之外，也有心照不宣卻彼此認定的禮節，像是晚上不能喧鬧、碰面時要打招呼等。

或許平時大家沒有意識到，**但在夫妻間也有專屬於夫妻的規則及禮節，或說這些是應該要有的。**

例如我結婚後剛與妻子住一起時，覺得在家中飄散著大蒜味是違反禮節的。

若是夫妻兩人一起吃大蒜料理，兩人一起飄散著大蒜的味道還沒什麼問題。但若是只有一方在外頭吃了大蒜料理回來，沒吃的那一方就會很在意那股臭味。

當然也有的夫妻會覺得「那樣完全沒問題」，但在我家，我們彼此都會介意。之後我在心中制訂了一個禮節，就是盡量不要一個人散發著大蒜臭味回家。

同時我也想起了自己還是大學生時的情景，那時我帶著大蒜味回家後，隔天早上，母親都會一邊說著：「好臭！」一邊打開窗戶。**我之所以對母親那樣的言行舉止絲毫不為所動，正因為是在對家人撒嬌吧。**

就像這樣，只要用「室友」的觀點來看夫妻關係，應該就能較容易發現兩人間該有的規則或禮節。

○並非是邋遢不檢點，只是沒有禮節罷了

此外，若是把對方想成是分租公寓的同伴，也會有個好處——能冷靜接受對方的行為舉止。

例如另一半把客廳弄得散亂卻始終不整理時，若認為這樣的對方「真是邋遢不檢點」就會覺得煩躁，有時甚至還會對對方做出情緒性的發言：「為什麼弄得這麼亂！」「為什麼不收拾乾淨？」

可是，**若把對方想成是分租公寓的同伴＝室友，就能想成「因為沒規矩」**。

至於抱怨對方的言語當然也應該要保持禮貌。若對方是分租公寓的同伴，相信你就

不會顯露出情緒，說出：「為什麼弄得這麼亂！」而應該會有所顧慮地說到：「之前有訂下規則要把客廳整理乾淨吧？」這種溝通禮節是專屬於有著適度距離感的分租公寓同伴間的。

雖說是夫妻，但也不是什麼都能做、什麼都能說。總之正因為是夫妻，才必須注意自己的言行舉止。

若有人會抗拒於把夫妻想成是「外人」，可以先試著從分租公寓同伴那樣的距離感開始。

POINT

夫妻是分租公寓的同伴。要守禮貌。

03

○

勤做報、聯、討

×

用心領神會的方式進行溝通

為了不要將夫妻關係誤認為是「靠著無償的愛結合而成的家人」，有時將對方想成是「戰友」來互相接觸是很有效的。

夫妻間，二十四小時、三百六十五天，隨時都會面臨各種難題、問題。

結婚典禮要怎麼辦？住在哪裡？這些問題都還只是序幕。

生養孩子、與鄰居和諧相處、在工作與家庭間取得平衡。產假、育兒假、換工作、生病、父母的照護……

隨著生活階段與環境的變化，困難及問題會逐一湧來。夫妻必須一起同心協力解決並克服這些問題。這份辛苦會讓人每天都過得像在戰場般。

若比喻成戰爭有些不妥當，但也可以說是像一起合作打倒怪獸的RPG組合。又或是像**一起創業的商業夥伴**。

對這樣的**兩個人而言，最重要的就是報告、聯絡、討論，也就是所謂的「報、聯、討」**。

無法順利共享資訊的隊伍很快就會崩潰瓦解。而實際上，夫妻應該共享的資訊堆積如山。

大一點的像是彼此的人生目標及願景。

從今後想成為怎樣的夫妻？想構築怎樣的家庭？想不想要孩子？若有了孩子，想怎麼教養？今後想住在什麼樣的地方等等。一直到下次休假想怎麼度過？或是今天的晚餐要吃什麼的小事。夫妻應該共享的事情有多種多樣。

此外，每天的預定（飲酒會或是與朋友間的聚會等）、健康狀態、家電的故障或狀態不良、原生家庭父母親的狀況等瑣碎聯絡事項也很重要。

還有各自的心事，像是「工作上的壓力好痛苦」「雖然以前不想要孩子，但現在心態改變了」等，若這些都是**關係到兩人的事，就是應該共享的資訊**。

○關係愈好的夫妻愈容易怠惰於「報、聯、討」

丈夫與妻子間的願景若有不同，即便很麻煩，也須要相互磨合，彼此一定要掌握住瑣碎的聯絡事項。為此，夫妻間正確、明瞭又迅速的溝通就十分的重要。

然而很遺憾的是，夫妻間很容易怠惰於「報、聯、討」。

夫妻間的關係愈是長久，或者說**愈是自負於「我們夫妻感情很好」，就更容易「敷衍了事」**。容易輕忽地認為，那些事就算不一一說明，對方也應該會知道的吧。

難以啟齒，所以不說；對方會不開心，所以不說，應該也會有上述這些理由。而且也有很多例子是，自己雖然想說，卻完全無法傳達給對方知道。

在戰場上，若是資訊不足，立刻就會喪命。實際上也有很多例子是，在聯絡上有一點點的失誤就發展成夫妻間的不合。

因此，**夫妻間的溝通有一點很重要，就是不論什麼事都要一一告知對方**。不可以用什麼心領神會的方式，奢望對方讀心，要不厭其煩地連雞毛蒜皮的小事都告訴對方。

POINT

夫妻是戰友。要勤於「報、聯、討」。

夫妻的愛情表現

04

✕

因為害羞，事到如今就什麼都不說

○

常說「謝謝」「我最喜歡你了」

「我愛你。」

「我最喜歡你了。」

「非常謝謝你。」

最近你是否能好好對伴侶說出這些話呢？

是不是覺得「事到如今才說不出來」「很害羞，說不出口」？

表現出喜歡對方的心意、對對方的感謝、體貼對方的態度會比不表現來得好。**與其這麼說，不如說一定要積極展現出來。**

幾乎所有夫妻最初的型態都是「戀人」。不要忘記戀人時期甜蜜的心情，同時也不要過度依賴丈夫或妻子是很重要的。

有一個簡單的方法可以讓人不忘記彼此作為戀人的關係，以及喚醒不斷流失的戀愛感覺，**那就是經常向對方說「我愛你」「我最喜歡你了」「謝謝」這類積極正面的話語。**

「即便不刻意說出口，只要兩人心意相通就好。」

「我們交往很久了，所以應該可以不用表達感謝吧。」

這些想法全都NG。再也**沒有比「應該有傳達給對方了」這種想法更危險的了。**

覺得把所有菜餚一點不剩的吃完就是「好吃」的證據。

不論怎麼說，最後有回家就是愛（妻子或丈夫）的證據。

現代人可沒有閒到能認為「原來如此，是這樣的啊」來接受那樣的迂迴愛情表現。

一定要更簡單易懂、直接地說出**「我愛你」「我最喜歡你」「謝謝」「好好喔」「妳好漂亮」「你好帥」**才行。

○永遠都當彼此的最佳夥伴

之前已經跟大家說過，夫妻間遵守規則及禮貌，還有進行報、聯、討很重要，但有時若對這些過於鑽牛角尖，關係也會變得很枯燥。

這樣就有些乏味了。**在只充斥著正確言論的家中會覺得喘不過氣來吧**。因為對方是室友或戰友的同時，也是因「喜歡」的心情而結合的「感情融洽、意氣相投的夥伴」。

雖然也有很難劃出「依賴」「撒嬌」界線的地方，但**在家庭中，「和緩」「寬容」是很重要的**。「真拿你沒辦法啊」，要像這樣彼此包容，因為愛與戀這類情感是不可或缺的。又或者可以說要有著「永遠都是彼此盟軍的感覺」。

這不是說要再找回什麼浪漫的感覺，或是要變得像新婚時期那樣恩恩愛愛（當然這樣也是可以）。

但要彼此展現出關係良好，而非不融洽的敵對關係、要避免不必要的紛爭，就需要溝通。**這件事連野生的獅子及犀牛都會做**。

或許有人會覺得：「都這種時候了，不可能再把對方當戀人看待了。」但，沒關係！只要持續說著「謝謝」「我最喜歡你了」這些話，各位的心情就一定會轉變。根據心理學的研究表明，要欺騙自己的大腦是很容易的（笑）。因此首先，就不斷說出那些話吧。害羞什麼的心情，都可以先拋在腦後。

POINT

夫妻是戀人，不要忘了表現出愛。

維持關係

05

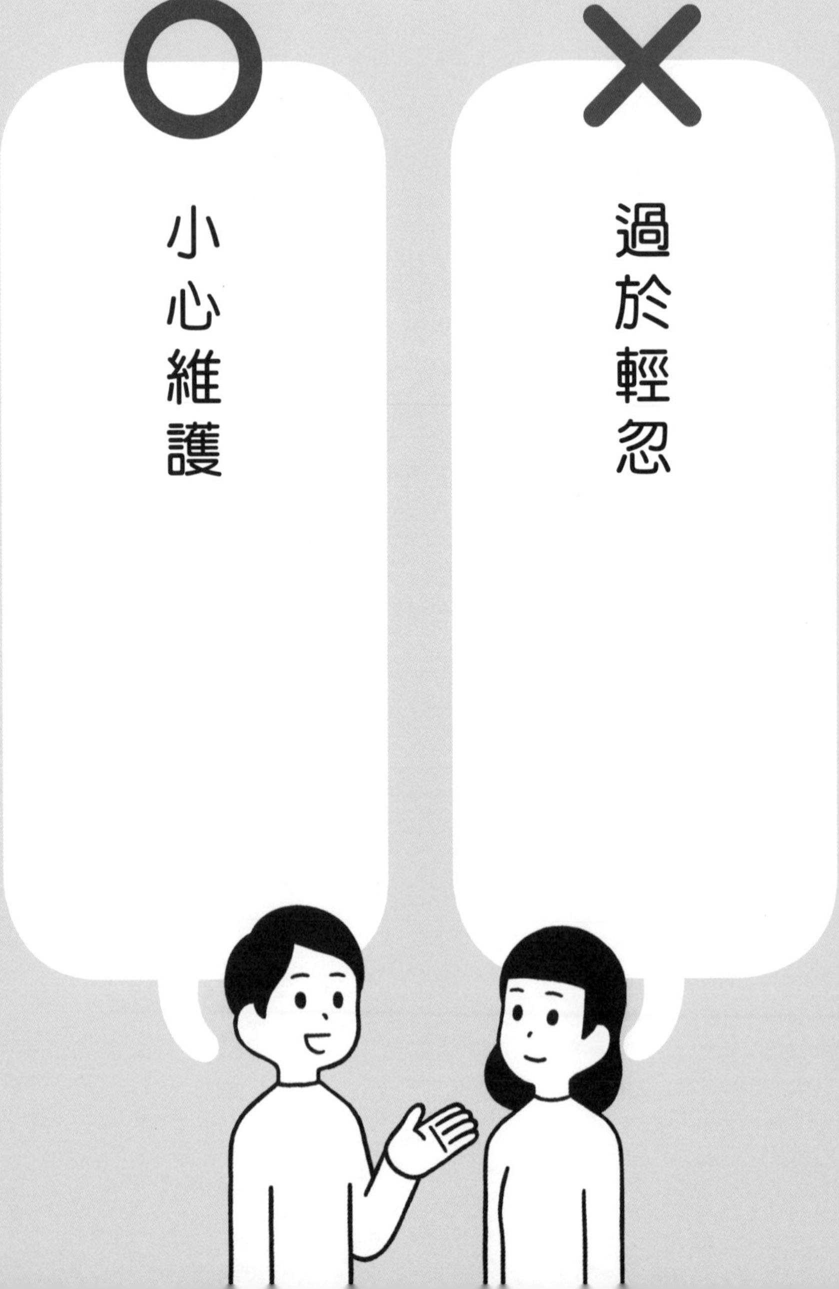

若要形容「夫妻關係」，可以用「健康」來類比。

不論是養育孩子、埋首工作、享受興趣還是守護雙親及家人，若是夫妻關係不好，這一切都無法順利進行。

反過來說，只要夫妻間關係融洽，即便工作不順利、養育孩子碰上瓶頸，說什麼都會用心挽回。為了解除危機，也能夠再努力一把。

只要夫妻感情融洽，人生就會順利。
若夫妻感情不融洽，人生就不會順利。

雖然如此，但很多人卻都不知道這重要性類似於「健康」。雖然大腦知道了，但若沒有實際失去過，就無法親身體驗。

年輕時太過勉強自己，但那時的身體本來就是健康無礙的，所以就算稍加負擔，也會立刻恢復。愈是這樣的人，就愈是容易有一天突然倒下。

「都已經交往這麼長時間了，對方應該會懂我的。」

「即便多少有些勉強，但這就是家人啊。」

「對方好像有點生氣了，但下次哄哄他就好。」

像這樣不斷累積的「一點點勉強」，某一天突然就會輕而易舉地讓夫妻關係出現裂痕。即便不是走到像離婚那樣一翻兩瞪眼的地步，兩人間也會失去對話，不和諧的氣氛籠罩整個家，彼此間的笑容也減少了。因為沒了相互的支援，兩人的工作就會停滯，當然也會帶給孩子不良的影響。

身體是資本，健康最重要。

夫妻是基本，感情融洽最重要。

話說回來，總有一天孩子會離家獨立，又會開始只有夫妻兩人的生活。在現代，隨著壽命的延長，夫妻間相處的時間也延長了，為此，不論預先做何準備都不為過。有人認為，「家人很重要，孩子是寶」，但認識到「夫妻才是一切根本」的人，我想應該還是少數。

○改變對方不如改變自己

即便理解了目前所說的道理，但應該還是有很多人不知道實際上該怎麼做。應該會認為「我沒錯，對方才應該要改變」。

這時候，若想著「要改變對方的性格及行動」，大致上都會以白費功夫告終。這就和天生的體質難以改變一樣，很遺憾的，人是不會輕易改變的。

與其如此，**改變自己的行動及發言**還比較簡單。

這不是「只有自己一個人孤單努力」，只要稍微改變一下和對方的溝通方式，就能稍微改善兩人間的氣氛和關係。只要不斷重複這樣的行為，總有一天，對方也會有所改變（或許）。這需要耐心，所以最好能事先預想著「這就是那麼花時間」。

就像「想要變健康沒有捷徑」一樣，夫妻關係要融洽也沒有近路。反過來說，踏踏實實小心維護，夫妻關係就一定會變好。

POINT

夫妻關係就像「健康」，失去後才知道重要。

第 2 章

家事・育兒分擔篇

暢快消除「只有自己在忙」的煩躁

請託

06

×

指示對方「去做～啦」

○

拜託對方「可以幫我～嗎？」

「去買牛奶！」「拿醬油來。」

許多人應該都會不經意地對丈夫或妻子這麼說。但若是有常識的成人間對話，應該要像以下這樣的說話方式才正確。

「可以幫我買牛奶嗎？」「可以幫我拿一下醬油嗎？」

或許說話的人沒有那個心，但不論是「去買」還是「拿來」，在文法上來說都是很趾高氣昂的命令句，和「給我去買」「給我拿來！」是同一類型的。

想圓滑地進行溝通時，使用疑問句會比較好。**夫妻間要拜託對方做些什麼事時，試著使用疑問句，避免使用命令句吧**。

若平常**就認為對方幫自己忙是「理所當然」**的，應該就不太容易把這個疑問句說出口吧。

依照不同夫妻間的情況，或許有些夫妻會將責任義務分配得清清楚楚，決定好丈夫或妻子要做些什麼。

即便是如此，**夫妻間也沒有一件事是「對方理所應當要幫我做的」**。反而對方幫自己做了什麼時，最好要懷抱歉疚感，想著：「幫我做了這些，真是不好意思啊」，覺得「應該要報恩」。

○要說「幫我做」。別想著「幫你做了」

只要別把對方提供的服務想成是理所當然的，就能把**「這件襯衫洗了嗎？」改說成是「可以幫我洗這件襯衫嗎？」**只要加上「幫我」這兩個字，就能在其中添加入對對方的感謝之意。

順帶一提，還有稍微高級一點的疑問句技巧。

例如希望對方去洗澡，但對方卻沉迷於手機或電視上，完全沒有想去洗澡的意思時，可以這麼說。

不要說：「快點去洗澡啦！」說：「你要不要去洗澡了呢？」會比較好。

更高一級的圓滑說法是：「要洗澡嗎？」

「你要洗澡嗎？」藉由加上主詞，**被說的人就會減少「被抱怨了」這樣的想法**。他們自己會察覺到：「哎呀是啊，一不留神就沉迷在手機上了，也差不多到了該洗澡的時間了。」或許就會急忙開始準備。

不過，這種溝通頗為仰賴對方的覺察力。話說回來，通常他們也很清楚「洗澡什麼的，要自己主動趕快去洗啦！」所以上述方式僅做參考。

那麼，除了別把對方幫自己做的事想成是理所當然，反過來說，自己做了什麼時，想成是「幫你做了」也很NG。

「我幫你洗碗囉」「我幫你煮菜囉」，若像這樣想著施恩望報，就會萌生出「我都幫你做到這地步了，為什麼你什麼都不做？」的心情。

雖然十分清楚這不是件簡單的事，**但夫妻間，不論什麼事都說「幫我做」，不要說「我幫你做了」很重要**。依賴、撒嬌就是從這些小事開始的。

POINT

只要使用疑問句型就能讓事情變圓滑。

讚揚

07

✕

對方「不稱讚自己」
而累積不滿

○

天真坦率地表示出
「稱讚我嘛！」

之前說過了，不要施恩望報、不要有想著「我幫你做了這些喔」的心態很重要，但為對方做了什麼之後，「想獲得稱讚」是人之常情。

即便如此，對方也有可能認為「幫我做這些是理所當然的」，或是沒注意到而完全不稱讚自己。這麼一來，就會讓人累積壓力，也會感到煩躁。

這時候，就應該清楚表現出「我做了這些事，希望你稱讚我！」的態度。**重點就在於要直接且若無其事地表現出來**。

這時候單只是表現出「我把洗好的衣服收拾好囉。」「我洗好碗囉。」是不夠的。若只是單純的報告，對方可能只會說：「喔，我知道了。」就結束這個話題。而且還很有可能會跟你說：「那接下來就做這個吧。」

因為目的是「獲得稱讚」，所以要像如下表現出來：

「我把洗好的衣物收拾好了！做得很好吧？」

「我洗完碗了！請表揚我！」

或許有人會覺得：「我的自尊不允許我主動做出這樣的表現。」「我還是希望對方能主動表揚我。」我非常能理解這樣的心情。

可是，對方若能對自己多說一句：「哇！謝謝！」「哎呀，真是幫了我個大忙呢！」各位不覺得就是個意外的驚喜嗎？

○在能巧妙引導出讚美詞的開朗家庭中

對於有些抗拒主動表現自己的人來說，有一個**技巧——請跟我唸一遍（repeat after me）**。

有位女性朋友（主婦）在吃晚餐前一定會大聲向家人宣告說：「○○小姐（自己的名字），今天也謝謝妳做了美味的餐點！」

她這麼一說，丈夫與孩子就無法忽視，就像英文老師對學生說：「repeat after me」一樣，學生（丈夫與孩子）就會重複說：「是的，非常感謝！」這也是很巧妙引導對方說出「讚美詞」的技巧。

比較起來，即便是半強迫式讓家人說出「好厲害喔」「謝謝」的家庭，也會比固執地什麼都不說的家庭更被開朗的氣氛所包圍著，這一點是理所當然的。稱讚這種積極正面的言行舉止，就是有這樣的效果。

因此，把丈夫或妻子，以及其他家人都拉進來，半強迫式地讓他們說出稱讚的話很重要。

當然，若彼此都能自然而然地相互稱讚是最理想的。

例如，可以對妻子或丈夫所做的任何菜餚都說「好好吃！」或者也可以對擅長炒菜、正在甩動著平底鍋的丈夫，在一旁說：「你真不愧是炒菜的魔術師！」

這無關乎事實，就算不是真的這麼想也無所謂，說謊也可以。

決定好「不論（彼此）對方為自己做了什麼都立刻讚揚（就算不是真心這麼想）」，是讓彼此能一起快樂生活的密技。

POINT

要求「讚美」，營造開朗的氛圍。

不滿

08

✕

強加「自己的常識」給對方

○

彼此討論、決定「家中的常規」

之前說了很多遍，夫妻間沒有一件事是妻子或丈夫理所應當為自己做的。**妻子不是母親，丈夫也不是父親**。

對於對方為自己做的事，不論多小，都要心懷「感謝」，這點十分重要。所謂的共同生活就是如此。

話說回來，對於對方的行動，有時也會認為「這好像有點不對吧。」「這個再多做一點比較好吧？」

以下的例子雖不能說是慣例，但譬如有時會認為對方做的料理「雖然不到難吃，但就是少了那麼一味」。

又或是餐具的洗滌方式、停車方式、與鄰居打招呼的方式等，有時會感到有些不滿、想多說兩句。

在這種時候如何把話說得和緩呢？

首先，**絕對不能做的就是套用自己的常識，突然口出怨言**。

「再仔細擦一下啦！」「一般來說，像有這樣的空位就可以停車了吧！」不可以像這樣不由分說地脫口而出這些話。

話雖這麼說，但是覺得「說出口好麻煩」於是就自己重做也NG。把對方好不容易曬乾的衣服收過來重曬、默默地就突然一股腦地把醬油加在煮好的菜餚上，這些都會讓對方丟盡面子。

同時，認為自己比較優秀，以上對下的態度來給建議也是NG的。若說出：「把衣服摺得再整齊些會比較好喔」「洗衣服時最好要分開花色跟白色的衣物」，對方會發怒地說：「你自己做！」也是理所當然的。

夫妻各自**認為「這樣比較好」的常識，最終不過是自己的規則而已**。就算說「這樣做比較有效率」「育兒書上有這麼寫了」，最終也不過是來自孩提時代起的習慣、經驗的「感覺」，不是「絕對正確」的。

這麼一來，強制要求對方「這麼做」就是很不合理的。**若無論如何都想貫徹自己的規則，就請自己一個人住吧**。

○討論「能相互接受之處」

對對方所做所為感到不滿時，大致有如下兩種應對方法。

第一，**只要是對方幫自己做的，就完全不抱怨或給建議**。

若餐具是對方幫忙洗的，就完全交給對方，完全不對結果說一句抱怨或給建議。若對方做了料理，就絕不對調理方法或調味有第二句話。這麼一來就十分乾脆了。

若很難做到這點，還有一條路──**討論、找出「能相互接受之處」及「妥協點」**。

我們可以一一提出各事項以作為議題來討論，決定好家中的規則，例如「洗餐具時，乍看之下髒汙有洗淨就好」「曬T恤時要用衣架來晾」。誠如先前所說，**一切都是憑感覺，所以討論起來會很困難。但不要放棄，一一討論每件事**是很重要的。

「這道菜很好吃，但我想再加點醬油。」

「加點醬油也可以，但我有些在意鹽分會攝取過量。」

「早餐的納豆醬油量有控制了，所以我想在這道菜加點。」

「唉，好吧。」

上述對話看起來很像一則小短篇，但唯有不斷累積像這樣的會議，才能制定出讓兩個人都滿意的規則。

POINT

認為「正確」的事大多都只是「感覺」。

雖說彼此有各自負責的事項，但責任仍要由兩個人擔

決定好負責的事物後，就要各自負起責任來

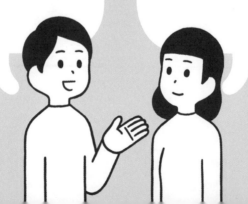

包含「沒有正式名稱」的事務在內，家事・育兒等事務堆積如山。
這要家中的某一人完全承擔是不可能的。
所以最好能盡量將事務可視化分給所有人。

如今，社會終於認知到了關於家事及育兒的實際情況。

此前，日本主要負責家事和育兒的都是妻子，但現在有一點一滴轉移到丈夫一方的趨勢，情況逐漸變得和以前不一樣了。

話雖這麼說，日本仍是處在過渡期。

實際上，現在有著各種不同的夫妻形式，像是：「才沒有，我家老公什麼都不做。」「我們家會使用能可視化的ＡＰＰ，夫妻平均分擔家事。」「我們家是老婆不太擅長做家事。」

對夫妻來說，家事和育兒應該怎麼分配呢？

雖是理想論，但**原則上應該是「全都由兩人負起責任」**吧。

丈夫或妻子其中一人負起責任，不管事的一方將事情全交給管事的一方，把那些事想成是「別人的事」「他人的義務」，這是不可能的。

因為夫妻是對等的分租公寓室友。

在實際的分租公寓中，關於廚房、浴室、廁所、玄關等公共區域都會分配好打掃任務。「我在家的時間非常少，請讓我免除打掃浴室跟廁所吧」「我不擅長打掃，請不要分配打掃的任務給我」期望這種要求能獲准的機率幾近於零。

夫妻基本上也是一樣的，只要成人們一起在同一個家中生活，養育了兩個孩子，在家中產生的家事及育兒工作就應該由雙方負起責任，同心協力。

為此，**不論是丈夫還是妻子，面對所有事都要做到最低限度**，這點很重要。

這就和「最好所有人都能讀書寫字」是一樣的程度。就算無法寫得一手好字或不擅長讀書，只要有最低限度讀書寫字的知識，就能成為活下去的力量，有時還能幫助他人。**若是碰上緊急情況，什麼都「做不到、不知道」，也未免太不可靠了。**

○要制定什麼樣的規則都是看自己

不，話雖這麼說，但現實上卻是每天回家都很晚，沒什麼時間做家事。相較於此，我有工作賺錢……

我懂。狀況、事情及想法會視夫妻情況而各有不同。問題是，夫妻間有對此做過討論嗎？

就現實上來說，該怎麼分擔家事及育兒呢？要怎麼分工「負責賺錢」跟「負責家務」呢？夫妻間必須一一討論，並好好決定這些事項。

或許夫妻雙方會受到成長環境、社會風潮等各種各樣的情況所影響，但**唯一應該要考慮的，是夫妻雙方「自己想怎麼做呢」**。只要能進行討論，不論結果是什麼樣的形式都好。

「我們自己」是重點，「若是只有一方接受，另一方則選擇忍耐」，很明顯就「不是正確答案」。

頻繁地修正曾決定好的規則吧。

POINT

雖要分工合作，但責任是雙方共同的。

維持規範

10

「那麼接下來，我想開始來談一談夫妻如何分擔家事及育兒一事。」
「麻煩您了！」

關於分擔家事及育兒一事，我想要用以下的方式重新來談一談。

我認識的一對夫妻，在討論過後，結果決定由妻子「賺錢」、丈夫「做家事」。

而且在一段時間內，**妻子都專注在工作上，先生則作為家庭主夫，百分百接受所有家事**。他們有三個孩子，年紀從小學生到國中生都有，照顧這些孩子的工作，也全都由丈夫負責。

一開始，這樣的情況還不錯，但之後，妻子漸漸地感到了寂寞。她每晚因為工作而晚回家，和孩子接觸的時間減少了，感覺好像和孩子漸漸疏遠了。在孩子心中，自己的存在感逐漸變得薄弱。而且她也不忍把家事和育兒的工作全都交給丈夫。

妻子有了如此的感覺後，再度和丈夫做討論，並決定「不論工作有多忙，她都要在早上五點起床，親自幫孩子做便當」。

因為這樣的努力，她獲得了「自己有很努力在做便當，與孩子間有所連結」的成就感，而丈夫也多少輕鬆了些，雙方都感到了心滿意足。

就像這樣，**夫妻間的規則應該要隨時改變**，並不是只討論一次後就決定不變。反而夫妻間不可以懈怠於只制定好一次規則。這樣一來，將無法應對生活以及環境的變化，務必要經常確認與更新規則。

○感到不愉快時就是確認規則的好機會

那麼，什麼時候是確認更新的好時機呢？

就是**夫妻雙方有一方感到不愉快的時候，或是覺得哪裡有點奇怪的時候**。

例如對方把衣服直接脫在客廳丟著不管的時候。

「為什麼要把衣服脫在這裡？」「不要放在這裡啦！」

夫妻間容易像這樣直接脫口而出情緒化的語言。

這時候就是確認夫妻間規則的好機會。此時可以冷靜地說：「我們不是規定好了，脫下衣服後要立刻放入洗衣籃嗎？」

如果對方說：「我很難改掉那種直接脫下放著不管的解放感耶。」此時就可以試著去尋找妥協點：「那你晚一點可以把衣服放到洗衣籃裡嗎？」重要的是，無論多小的

事，都要認真、嚴肅的討論。

又或是在晚餐後洗餐具時，發現桌上有髒汙，想著「來擦乾淨吧」，對方卻在看電視，完全沒留意到。這時就要明確的建議：「吃完飯後，沒有洗碗的人要擦桌子喔。」

「我不喜歡髒髒的桌子呢。」「因為很髒，沒辦法不管。」像這樣的迂迴表現是NG的。苛刻地直言：「你好歹也擦一下桌子吧，真是的！」也不是個好方法。

建議可以說：「我們讓這件事成為一項工作吧。那就先暫且麻煩〇〇了。」將有助於改善規則。

POINT

要勤於檢視曾決定好的規則。

談話的規則

11

○

在咖啡廳開會

×

在做家事的空檔中討論

「差不多要換車了吧？」
「這個啊——接下來用共享汽車比較好吧。」

「讓孩子去上那間私立學校吧！」
「不不，去附近公立的比較好。」

「我想搬去被更多自然圍繞著的地方啊。」
「是嗎？但我想住在都市裡。」

在夫妻的談話中，就像這樣，有時討論的議題是有些像平行線般的主題。因為只有兩個人，也無法採用多數決，若兩方都不肯各讓一步，就難以找到討論的「出口」。

「討論」和「磨合」很重要，但若議論行之有礙時該怎麼辦呢？

這時候，**不要勉強區分黑白，要先中止談話，建議可以換個時間、地點來進行**。

也不能含混的延期：「我們下次再說吧。」而是要具體給出日期，像是：「那我們明天晚上八點再來討論吧。」

又或者是改變「場所」也很有用。

可以只為了那場討論而專程去住家附近的家庭咖啡廳展開會議。若是職場在附近，也可以在平日的午餐時間約碰面討論。

話說回來，在家中，妨礙談話的因素其實意外的多。

若是有年幼的孩子，根本就不可能好好談話，而且也會有宅急便送東西來，又或是電視的噪音很吵等，有一堆打擾因子，讓人很受不了。

當然，也不建議各位邊做家事或邊工作邊談話。

就說話的一方來看「會覺得不受重視」而感到強烈的不滿。若真心想好好討論，利用「空檔時間」是很NG的。

特地招開「咖啡廳會議」雖會要花一些成本，但也會有相應的回饋。

○議論會因不同內容而受情況所左右

夫妻間的討論之所以怎樣都不順利，有一個原因是，沒有考慮到「雙方的情況都不是完美的」。**若有一方覺得疲憊、睡眠不足、身體不適時，就應該要改天。**

說得更甚一些，遵守基本的談話禮貌也很重要。最希望大家注意的是不要大小聲。

有的人一旦與人意見不合，就會突然情緒激動，大聲說話，但這簡直就像是在說：「我沒打算要跟你討論！」

如果對方生氣的大小聲，此時卻告訴對方：「我說你，說話不要那麼大聲啦。」這樣的應戰方式也不是一個好方法，反而有可能會讓對方情緒更為激動的說：「什麼？我才沒有大小聲，明明就跟平常一樣！」跟喝酒喝得爛醉如泥的人一樣，講話大小聲的人，意外地並不會注意到這件事。

此時要刻意放低音量、平靜的說：「嗯，這點我也知道。」就能推動會議的進行。這麼一來，對方也會連帶地放低音量說：「就、就是說吧？」

POINT

討論要在完美的情況下進行。

交付

12

×

立刻回答「什麼都好喔。」

○

一起煩惱「該怎麼辦呢？」

「晚餐想吃什麼？」
「隨便什麼都可以喔。」
「……（煩躁）」

大部分的丈夫都不會知道此時妻子為什麼會不高興。

「隨便什麼都可以」對妻子來說不是個很輕鬆的建議嗎？也不是說些什麼「把起司放在漢堡上，再加個時令的蔬菜就好」，或是「今天想喝羅宋湯」這種麻煩的內容，真的就隨便什麼都好。啊啊，好麻煩。

妻子之所以會對丈夫立刻回答「隨便什麼都可以喔」感到不高興，是因為丈夫在各方面都過於依賴了。

的確，或許夫妻間沒有決定好誰要負責煮飯做菜。也是有夫妻決定好輪流做飯、一起做，或是會做的人做。

但是所謂的分擔責任，並不是負責的人就要擔起百分百的責任。沒有負責的人並非把事情都交付給負責的人就好。就如同在公司中，也不可以認為「其他部門的工作就跟自己沒關係」一樣。

有著「**夫妻間雖有大致的責任分擔，但夫妻雙方全都有責任。就算自己沒有去做，**

也不要把一切都交付給對方，不要當成是別人的事」的這種態度很重要。

「晚餐想吃什麼呢？」

「嗯——要吃什麼好呢？」

「晚餐該怎麼辦？」

「嗯——該怎麼辦呢？」

就像這樣，主要負責人煩惱時，首先要有同理心，並一起煩惱，一同尋求解決問題之道。

因為這是兩個人的問題，進而也是全家的一件大事。

這不是在誇張。若看輕「不過就是餐點的菜色而已」將會確實遭受到慘痛的教訓。

其實正是從這些小地方開始，展開夫妻間的羈絆。

○連對方的「辛苦」也一起煩惱

「最近工作很忙，好累……」

「最近孩子總是晚上不睡覺，好煩惱喔。」

除了商量菜色，面對對方這樣的感嘆，夫妻間也很常會做出以下的回答：「要是討厭，換工作不就得了？」「只要讓他白天多運動一點，晚上累了不就會睡了嗎？」這時候因為把**對方所感受到的辛苦，當成了別人的事一般**，所以會立刻做出回答。

在此，最好的方式是和對方共享那樣的心情，然後一起煩惱。

用「我們一起來想想看，有沒有什麼方法可以解決那樣辛苦的情況」這樣的態度去與對方接觸，在任何情況下都會是正確答案。

POINT

「隨便什麼都可以」是事不關己的證據。

建議 13

✕ 為對方著想來給建議

○ 單純共享對方的「辛苦」

「今天很忙，所以沒吃晚餐。」
「你今天一整天都很努力了，這樣可不行，簡單吃些東西也可以啊。」
「……」

「今天沒什麼時間吃午餐。下午開會的時候，肚子好餓——」
「就算有點勉強，最好也要好好吃飯啦。」
「……」

夫妻間多少會說些抱怨或煩惱的事。回應的一方雖無惡意，但被回應的一方卻會莫名感到火大。這樣的情況也很常見。

為什麼會突然心頭火起呢？因為回應變成了「建議」。

說是建議還好聽些，但實際上卻是「把自己的想法強加給對方」，或是自以為了不起的向對方下命令。

人基本上本就不會渴求不請自來的建議，被建議時，應該會厭惡的想著：「我知道啦！」順帶一提，這時候的正確解答是表示出共鳴的回答，像是：「很辛苦吧。」「餓著肚子開會很難過吧——」

愈是在一起多年的知心夫妻，或許就愈不禁會想給予對方建議，覺得這樣是為對方好，**覺得這是一種親密**。但是，大多時候，這些話聽在對方耳裡，**全都會成為「壓力」及「噪音」**。

「不知道有沒有什麼好方法呢？」

「你覺得該怎麼做比較好呢？」

直到對方像這樣明確表示出「請給我建議」時，再說出建議會比較好。

即便如此，若仍想說些什麼的時候，**用「提供選項」的形式**而非給建議會**比較圓融**。

「也是有可以決定好每星期一都略過不吃晚餐的情況呢。」

「或者是可以隨身在包包裡放些能量棒？」

最後只要加上「話雖這麼說，但是不是有點難做到呢？」這樣共鳴的話語就很完美了。只要做到這樣就不太會有人因受到刺激而發怒了。

○事先說「希望你能聽我說話」

另一方面，抱怨的人也有需要注意的點。

如果只是稍微抱怨一下就被對方說「要這樣做要那樣做」而生起氣來，為了避免發生這樣的事，應該在事前先說：

「我可以小抱怨一下嗎？啊！不過拜託請不要給我建議，謝謝。」

「我只是想分享這件事，可以請不要告訴我要怎麼做嗎？抱歉了，就是啊～～」

或許有人會覺得，希望對方可以察覺到自己的心情而不用主動刻意說出這些話來，但這正是造成夫妻談話問題的原因，是諸惡的根源。所以最好能把「所思所想」都說出口。

POINT

只有在對方要求時才給建議。

危機

14

○

借助第三者的幫忙

×

只靠兩個人努力

「發表會在即，最近很忙，所以沒法做家事。」

「我知道，但我也卡在要交結算報告前，工作很緊繃。」

家事、育兒、工作……有時，只靠兩人負責這些，會很容易負擔過重或遇到瓶頸。這時候，夫妻間的對話當然也容易變得不圓滑，整個家的氣氛也會變得很僵。

這時候，**停止想只靠兩人去做事，懂得積極向外求助**也很重要。

「靠夫妻二人同心協力解決所有事」說來好聽，**但終究是只靠著不成熟的夫妻二人的智慧與體力而已**。不可能這樣就能解決所有事。遇上危機時，一同示弱、共同向外求援也是一個重要的判斷。

具體來說，有利用外包家務的服務、試著去尋找行政上的服務、求助公婆、尋求友人幫助、接受諮商等。

雖然自尊與立場很重要，但夫妻間的關係更重要。要構築sustainable（永續）的關係，也須要多加利用外部的力量。這樣的觀念**也有助於避免形成「黏膩的家族依賴」**。

就每日的溝通上來說，這也是一樣的，發生爭論時，若有第三者介入，有時就能很快解決。

丈夫說：「A比較好。」妻子說：「B比較好。」兩方都難以妥協時，若有個夫妻雙方都尊敬的人說：「我覺得C比較好。」情況就會變成是夫妻雙方都會覺得「或許真是那樣」而不再堅持己見。

若平常總是只有夫妻兩人面對面，關係就容易陷入膠著。

電影《男人真命苦》（男はつらいよ）的男主角寅次郎會心血來潮地突然回到家人身邊，暢所欲言的想說什麼就說什麼。家人們雖然總是莫名被攪亂心緒，但當寅次郎再度離去後，卻又覺得他像是殘留下了些許嶄新的氣氛。

此外，有某名女性不顧丈夫反對去委託外包家事的服務時，除了完成了實際的工作，**也因為「獲得了一起努力做家事的同伴」而感到安心、落淚**。

○寵物與神龕也能給予幫助

能發揮如此「良好作用」的第三者不限於人或組織。

也可以是寵物。不是只有「孩子是潤滑劑」，「寵物也是潤滑劑」。有許多夫妻都受到了狗或貓等小動物的幫助。

此外，家裡應該也有地方是能給予人舒服感的「特別區域」，例如像是放著神龕、佛壇的地方。被眼睛所看不到的第三者所照看、守護著的感覺，會自然讓人端正態度，同時帶來安穩感。

也不能小瞧了為孩子而貼的恐龍或宇宙的海報。看到海報時，會立刻讓人想起一億五千萬年前的白堊紀或廣大的宇宙，然後就會感覺現在發生在夫妻間的爭執十分渺小，可能還會想著：「唉，其實也可以不用在意的。」

夫妻雙方面對「第三者」時，視線自然會看向同一個方向。對於平常不禁就會面對面發生正面衝突的夫妻來說，**「看向同一方向」的時間，是成為重新修補膠著關係的寶貴機會**。

POINT

為了夫妻好，要懂得依靠第三者。

稱讚法

15

✕

評價道：「這樣不是很好嗎？」

○

「真好呢！」坦率地說出感想

人不論到了幾歲，被人稱讚時都會感到很開心。希望各位也能找到夫妻間的「稱讚要點」，不斷稱讚對方。不如說，比起旁人，更該好好稱讚共同度過時間、一起居住的伴侶。

要稱讚對方，首先要好好「觀察」對方，付出關心，這些是不可或缺的。

但是意外的是，人們通常不會好好觀察其他人，總是待在一起的夫妻更是如此。**即便對方有進入自己的眼簾，心中卻在想著別件事。**

只要好好觀察對方，就能發現對方的變化。那些改變的部分，正是「稱讚的要點」。就像以下這樣：

（察覺對方髮型變了）「啊！你換髮型了。真好看！」

（察覺對方服裝變了）「啊！你買新衣服啦。很適合、很適合！」

在此，**不要光只是指出「你換髮型了」「你買新衣服啦」等變化，之後還要確實附加上「積極正面的稱讚語」才是重點。**

對方被單純地稱讚後會很開心，而且還會加上「對方有確實看著自己」的愉悅。

○有時稱讚也會變成自以為了不起的「評價」

另一方面，「稱讚」也有要注意的地方。

因為「讚美」這個行為，有時也會變成是自以為了不起的「評價」。

「啊！今天的料理做得很好吃嘛！」

「今天穿的挺時尚的嘛。」

「你整理得比我預想中還快，很厲害呢。」

怎麼樣呢？腦海是否會浮現出被說的人不高興的臉孔來？

「稱讚」基本上就是「在上位者」會做的行為。例如職場中的前輩經常會稱讚後輩，但卻不太有後輩稱讚前輩的情形吧。即便言者無心，但「稱讚」還是會透露出些許的「自以為了不起」。

夫妻之間並沒有上下級的關係，無論何時都應該是對等的，這是一大前提。這麼一想，就**應該要極力避免讓人聽來覺得是「自以為了不起的評價」發言才是**。不是心想著「我沒那個意思」就好，溝通的難處正取決於「對方是怎麼聽話的」。

的確也是有後輩讚揚前輩的情況，但應該都是以坦率的感想為多，像是「好厲害喔」「真不愧是前輩」「真帥耶」。若是像這樣，希望夫妻間也務必能採用這樣的方式，例如：

「哇！今天的飯菜好好吃喔！」

「好時尚！好棒！好讚！」

「好閃亮喔！」

若是使用較難的詞彙來稱讚對方，反而會變得像是很自以為了不起的樣子，而且會有種「他很努力，就稱讚他吧」的微妙感。**「稱讚時用坦率、單純、簡單的詞語」會比較輕鬆，不用考慮東考慮西的，**這樣才是雙贏。

POINT

若說的是感想，就不會讓人覺得你很「自以為了不起」。

共享預定

16

認為「我應該已經說過了」而產生誤解

多次重複提醒、確認

「明天就麻煩你去托兒所接小孩囉。」
「什麼？你明天要去做什麼？」
「什麼？我說過好多次了吧。我明天公司尾牙啊。」
「啊！我也是啊！」
「……」

明明都說過好幾次了，卻還是忘記。看起來有在聽，但根本沒聽進去。就算有聽也沒有懂……

夫妻間像這樣產生誤會是家常便飯。雖都是些小事，但還是會累積不滿。要怎麼做才能減少像這樣的麻煩事呢？

如果是像這樣，就**只能不斷重複說了**。要不斷、不斷地提醒。

話說回來，人本來就不太會好好聽他人說話。

這一點在夫妻間也不例外。這和有沒有愛、有沒有責任感一點關係都沒有，要想成是人基本上就是這樣的會比較好。因為畢竟**「對自己來說的大事，對對方來說不過是些瑣事」**罷了。

只說一次就像是沒說過一樣。別嫌麻煩，不論對方嫌自己囉嗦還是什麼，都必須重複說個兩次、三次。

例如若是看到洗臉台被水淋濕沒擦而覺得煩躁時。

很多時候可能都會想著「一定是覺得反正我會擦乾淨吧。」「難不成是故意的？」「很瞧不起做家事？」等，不斷生出煩躁。

可是實際上，很多情況都是對方單純地「沒看到」或「沒注意到」髒汙而已。或許有人會想：「這怎麼可能！」但這是真的。**因為人的視覺會只看見想看的東西。**

這麼一來，就算自己一個人煩躁生氣也無濟於事。因為對方並非「故意」或「輕視」，只是單純的我方沒有把意思「傳達給對方」而已。

若想著「希望對方能幫我做這件事」，就每次都要說出來。要忍耐住「我常常這麼說」而想發火的心情，平靜地多次說出自己的期望。

若對方說：「我沒看到。」就說：「你看這裡。」若對方說：「我沒注意到。」只要說：「你注意一下這裡。」就好。訣竅就是「別想太多，多次告知對方想傳達的事項」。

○用LINE傳送【備忘錄】

LINE等工具可以輕鬆用來當作夫妻間相互提醒的工具。用LINE註記「○

日，約好要去飲酒會。先跟你說一聲。」留下文字，而不是口頭上說：「我預定○日要去飲酒會，先跟你說一聲。」就好。若只說一次還會擔心，就多傳幾次ＬＩＮＥ。若能在一個月前、一個星期前跟前一天都不勝其煩的提醒對方是最完美的。

我的妻子三不五時會以「備忘錄」為題傳送ＬＩＮＥ。上面會寫著「印章與存摺」「打電話給媽媽」等。我當然不會每件事都知道，但只要回家問一下妻子：「印章與存摺是什麼意思？妳打電話給媽媽了嗎？」有時她就會感謝我：「啊！對喔！我差點忘記了，謝謝！」像這樣，**即便不是記錄夫妻間要做的事，也是一種可以借用伴侶記憶力的方法。**

人這種生物很健忘，一定會忘記，所以只能重複說好幾次。不僅對方會這樣，自己也是如此。

POINT

人通常沒在聽他人說話（這點自己也一樣）。

17

○

貫徹「以夫妻為優先」

×

成為原生家庭與伴侶間的夾心餅乾

媳婦與婆婆、媳婦與公公、女婿與岳丈。

單只是這樣並列書寫，感覺就好像莫名能聞到危險的味道。不過，與彼此原生家庭間的關係，經常都會給夫妻間的關係帶來裂痕。

想保全雙親的臉面、了解原生家庭的想法，還有夫妻間的立場，雖然因為牽扯到的關係者眾多而容易成為夾心餅乾，但其實事情出人意表的單純。

不是雙親也不是手足，請永遠都優先考慮與伴侶間的關係吧。貫徹「以夫妻為優先」是讓夫妻關係圓滿的最大大大大原則。

「這個味噌湯的味道好濃喔，鹽稍微放少點會比較好吧。」

例如端晚餐給偶爾來玩的丈夫雙親，婆婆卻這麼跟妻子說時，對妻子來說，應該頗受打擊。

這時候，丈夫應該採取的態度是「毫不猶疑的和妻子站在同一陣線」。

「就是說啊，她做的味噌湯味道總是很濃。」雖然丈夫這種附和自己雙親言論的態度很不足道，但不附和任一方，**採取中立立場，像是「哎呀就這樣吧」也很不可取。**這樣的態度就只是在「逃避」而已。

即便覺得自己雙親說的話是百分百正確的（與這個味噌湯的例子不同），也要支持妻子。

夫妻本來就不是家人，所以丈夫不可以站在自己雙親那邊，反而孤立妻子。**雙親在這時候是排第二的，重要且須要受到關注的是夫妻雙方。**

○徹底做到「有共鳴的傾聽」

那麼，對味噌湯有不滿的雙親回去後，妻子一定會爆發憤怒或悲傷。但也不是說就不能做出支持雙親的發言，例如可以說「算了算了，別那麼在意了。」「他們說那些話沒有惡意。」

在此，最好的方法就是徹底做到「有共鳴的傾聽」。所謂「有共鳴的傾聽」就是絕對不要否定對方的想法。**對於對方所說的話，全都肯定、表示共鳴，像是「就是說呀」「我懂，我懂」**。也可以把對方說的話全都重複一遍。

「雖然抱怨，結果還不都全吃完了。」

「就是說啊，全吃了呢。」

「我費心做的，那樣說真的太過分了。」
「真的很過分呢。」

這麼一來，過於熱衷的丈夫可能會說出：「既然要抱怨，以後就別想著來這裡能吃到什麼，真氣人！我來去跟他們說。」對此，妻子就會勸解地說：「好了啦，不用這樣啦，會讓事情變更糟的。」夫妻兩人就會產生出一致的心情。

假設即便之後偷偷跟著回到了父母家，至少在妻子或丈夫面前，都要再三採取**「我絕對是把你擺在第一位」「我們之間是以夫妻為優先」**的姿態，這是獲取對方信賴所必需的。

其中也有人與自己父母親關係很複雜，希望妻子或丈夫作為中間人介入的。若對方有這樣的請託，即便心中想著「什麼！很麻煩啊！」也要鼓起幹勁去完成任務。因為這樣的行為也是「以夫妻為優先」的一環。

POINT

若成了夾心餅乾，要以夫妻為優先。

抱怨

18

○ 直接與對方說話

× 透過孩子傳話

「（對著孩子）媽媽最近變胖了呢！」

「（對著孩子）爸爸身上有煙味，很討厭吧！」

對妻子或丈夫的抱怨，有時會不禁對著孩子提起。雖然難以對本人啟齒，卻希望孩子站在自己這邊。

但是**對孩子抱怨對方或說對方壞話是禁止的**。

不僅孩子不一定會跟自己有共鳴，而且這也不是會讓人有好心情的對話。

對方明明就在現場，卻還故意**大聲那麼說，這樣做更惡劣**。孩子會依孩子的方式去進行解讀，成為夾心餅乾。

我們常會聽到「從小，父母就吵吵鬧鬧的，很煩。」這類聲音，同樣的，像「媽媽會跟我說爸爸的壞話，讓我很難過。」「爸爸在只有我們兩人獨處時，把媽媽說成壞人，讓人很不舒服。」這類聲音也很多。

若有想抱怨的事，應該要直接去向本人說。

話雖這麼說，說話方式也要注意。

「我說妳啊，最近也太胖了吧。」「那個……你身上的菸味真的很臭！」像這樣直接的說法，未免過於好戰了些。這樣就只是在找架吵而已，身而為人，這是不太禮貌的。

這種時候要盡量冷靜下來，並應該告訴對方**「自己有何感覺，希望對方怎麼做」**。

例如若職場上的上司希望下屬做事方式更有效率時，即便只是憤怒地跟對方說：「你這種做事方法不行啊！」事情也不會有任何進展。

應該要告訴他原因與改善的方式，像是「你現在的做法太花時間了，希望你不要用手抄的，要用Excel」這樣。

○用「I訊息」來傳達

夫妻間，若彼此有了怨言時，這麼做很有效。

「香菸的味道讓我覺得不舒服。所以希望你能抽不會冒煙的電子菸。」

「我很擔心你的健康，要不要少吃點用油較多的料理？」

這時要留心的是，要盡量**使用「我～」這樣的說話方式。說話的主詞務必要是自己。**我稱此為**「I訊息」**。

若是使用「你是○○！」與「YOU訊息」，就沒給對方留下能反駁的餘地。若對方回嘴「才沒那回事啦！」「別管我！」情緒就會爆發。

若使用「我認為○○」而非前述的方式，頂多就只是在強調個人意見。當然，對方會不會坦然接受這些話又另當別論，但是至少會比突然脫口而出：「你最近變胖了耶！」的情況平穩上一百倍。

即便對方回說：「是這樣喔？但我不在意。」「是喔？可是我現在的體重就是最剛好的。」，其中也多少有些能商量的餘地。

別向孩子抱怨。跟對方說時，也不要參雜情緒。這可以說就是夫妻間的禮節。

POINT

I訊息比YOU訊息好。

反駁

19

✕

反駁地說：「你還不是一樣！」

○

先接受的說：「的確是這樣。」

「玄關的鞋子擺好啦！」

「你還不是一樣，擤過鼻涕的面紙就這樣隨手丟著不管！」

「話不用說得那麼難聽吧？」

「你還不是一直都那樣說？」

被妻子或丈夫抱怨了，不禁火冒三丈，應戰似的脫口而出：「你還不是一樣！」這是常見的吵架光景。

基本上，**在談話中要謹記，「你還不是一樣」這句話是NG的**。

我很理解大家的心情，若突然被指責不足之處或缺點，任誰都會生氣，會憤怒地想著：「為什麼只有我老是被罵，你還不是一樣……」

可是就對方聽來，卻會覺得這是在轉移焦點。不論是丈夫把擤鼻涕的面紙隨手亂放，還是妻子把鞋亂脫在玄關都一樣。

這兩個是不同的問題，現在不是在說那件事，現在要說的，首先應該是眼前的事。

「玄關的鞋子擺好啦！」

「抱歉抱歉，我會放好的。」

「話不用說得那麼難聽吧？」

「我的確是說得過分了點，抱歉。」

就像這樣，先解決眼前的問題才開始說自己的意見是OK的。

「你擤過鼻涕的面紙不要隨手亂放好嗎？我會很介意。」

「我之前也曾因為你類似的說話方法而感到受傷喔。」

話題應該要一一推進。就算要說出對方的不足之處，首先也要從承認自己的錯誤開始。談話時，就需要一一解決**眼前議題的忍耐度**。

○不要改變話題，不要溯及既往

因為受到對方所說一句話的刺激，就一口氣一一回想起過去的事來。

人類的大腦中會頻繁發生這樣的現象。

例如丈夫說妻子：「玄關的鞋子擺好啦！」妻子就會想著：「哎唷，你還不是一樣，總是很邋遢。」

更甚的是會瞬間閃現以下念頭：「說起來，老公總是把脫下的衣服隨便亂丟，還把看完的雜誌隨手亂放。話說回來，他平常也不打掃，也完全不照顧孩子，我平常都已經這麼忙了！」

結果就會突然對丈夫爆發：「說起來，你有好好照顧孩子嗎？」這麼一來，就丈夫看來就會覺得：「嗯？我現在是在跟妳說玄關鞋子的事吧？」

當然，像是「希望能多照顧孩子一些」這樣的要求是很理所應當的，應該要跟丈夫說，**但不是現在。像這樣的大炸彈，若是用這樣你來我往的唇槍舌劍來解決，是沒有意義的。**若有可能，就換個地點，改天再冷靜、徹底的好好討論。

POINT

反駁要從承認自己的過錯開始。

願景

20

○

摸索專屬於自己的理想

×

和其他家庭做比較

同事好像辭去工作獨立創業，一家都搬到鄉下去了。
鄰居好像讓孩子去上國際學校了。
就像這樣，你是否會因為聽到身邊的人做了什麼而心煩意亂呢？
若這件事是也是自己所期望的，覺得「有點羨慕呢」，心緒就會更紛亂。或許有時還會覺得**「我們也得盡早做些什麼」**。
這樣的想法若夫妻是一致的就沒什麼問題，但大多都會有分歧。這些經常就會成為吵架的火種。

「聽說同部門的〇〇前輩決定獨立創業搬去鄉下居住。」
「喔～還真亂來啊。」
「會嗎？我倒是很憧憬他。」
「又在說這種不負責任的話了……」

「聽說〇〇家讓孩子去讀私立學校了。」
「什麼？那還真是辛苦啊。」
「我倒是覺得很值得。」

「我絕對是讓孩子去讀公立學校派的……」

像這些情況，該怎麼處理呢？

若是夫妻都能冷靜一致的認為「人家是人家，我們是我們」那是最好的。

但情況不見得都能如此。因為在大部分家庭中，並沒有明確規定好「家中的做法」一類的。**若夫妻間沒有確立好、共有「我們家今後要怎樣」的願景，前述的麻煩就會層出不窮。**

反過來說，在某種意義上，聽到別人家的事心中騷動不安時，正是夫妻間討論今後願景的最佳機會。

○主詞以「We」來思考

此時的談話訣竅就是以「我們（＝我們家）」為主詞。

「○○家好像搬去鄉下住了。我們家（我們）要怎麼辦呢？」

「○○家聽說讓孩子去讀私立學校了。我們家（我們）也得考慮一下了。」

雖然自己也會有形形色色的考慮，像是「我認為住在都市絕對比較好」「我將來想回去故鄉」，但這時候要忍耐不說「我～」，而是要先從「我們要怎麼辦呢？」這樣的方式起頭。

在此不要武斷地說「就這樣決定了」「絕對要～」這點很重要。要站在「兩人該怎麼做」這樣的位置上。使用「We說話法」能有效給出「自己並非擅作主張，從頭到尾都有考慮到兩人立場」這樣的印象。

這麼做能緩和談話的氣氛，最後再提出自己的意見，像是「其實我想這樣做」「我認為應該要那樣做」就OK了。

說是「願景」或許聽起來有些誇大，**但能將方針化為語言**（像是「我們家的方針是這樣」「我們家不做●●」）**的夫妻與沒有語言化的夫妻，一旦碰上緊急事件時，堅強程度是完全不同的。**

POINT

用「We說話法」制定願景。

21

×

以成為像雙親那樣的關係為目標

○

構築專屬於兩人的新關係

一般人在構築夫妻關係時，總會有習慣性做為參考的「範本」。

那就是「自己的雙親」。

既有人的理想是「想成為自己的雙親那樣」，也有人將之作為反面教材，認為「不想成為像自己雙親那樣」。不論如何，這兩類人都同樣很在意雙親的關係。

當然這並不是件壞事，但絕不可以將這個觀點強加給伴侶。

「父親把母親當成公主對待，但你卻～～」

「母親很擅長料理，家事做得很完美。但是妳啊～～」

就像這樣，不論說什麼都會提到自己的雙親並以此去責備對方，這樣做是不適當的，對方應該會情緒低落地想著：「這種事我又不知道……」「你家或許是那樣，但我又不一樣。」

同樣的，把自小成長環境的習慣直接帶去新的家庭中也是NG的，例如：

「以前在家，浴巾每天都會換洗。」

「從小，雙親什麼都會讓我學。」

即便是把「別人是別人，我們是我們」這句話當成座右銘而不與他人比較的人，也**會不禁將自己成長的家庭拿來做比較**，這一點真是很不可思議呢。

對夫妻來說，最棘手的對手，其實就是「各自的雙親」。

○結婚是創業。要與母公司保持適當的距離

結婚就像是兩人成立新公司。結婚就是創業。

其中的規則與目的都一定要由兩人來決定。兩個人單只是要磨合彼此不同的價值觀就很不容易了，若其中還摻雜進各自的雙親，情況就會變得更複雜。

雙親誠如字面上所示，就如同「母公司」。**即便是母公司，仍是另一間公司，不能將全部的意見照單全收。**

原生家庭說：「快點讓我抱孫子吧」「搬到附近來住吧」時，不要僅靠自己的判斷來接受這些意見，一定要夫妻兩人商量，因為這些都是新公司要做的決定。

甚且，要求對方「我的雙親都是這樣做的，所以我也希望你能這樣做」更是不夠誠懇，比起母公司，更應該對新公司的公司風氣負起責任才是。

當然，雙親是很重要的存在，但我們不可能永遠都是他們長不大的孩子。

開始與自己所選擇的伴侶建立起新家庭時，就意味著要從原生家庭獨立。結婚就是對雙親宣告：**「謝謝兩位至今為止的照顧。之後我們會制定出屬於自己的規則，請不用費心了。」**

退一百步來說，一定會受到雙親的影響時，也應該要讓對方知道自己的想法，像是：「因為父母是這樣做的，所以我也想要做得和他們一樣。」

若非如此，對方就會感到混亂地想著：「你一直都在說父母的事，那你自己想怎麼做呢？」「我又不是和你的父母結婚。」

POINT

成長的家庭是「別人」的家庭。

請託方式

22

○

接受對方的做法

×

對對方的做法潑冷水

拜託丈夫購物，結果他卻買回來一堆其他東西，讓人很困擾。

將整理客廳的任務交託給妻子，結果她卻半途而廢，讓人很煩躁。

就像這樣，雖拜託丈夫或妻子事情，但就是覺得對方做得不夠好，因為不滿意而感到煩躁，各位是否有過這樣的經驗？

若碰上這種情況，或許拜託人的一方就會不禁想抱怨個幾句，但在此必須要說，**「看到了也當作沒看到，接受一切結果」**會是好處多多的選項。

其中一個好處是能夠拓展新視野。這或許會是一個契機，讓自己能平心靜氣地質疑自己平時深信不疑的常識。

我有一位女性朋友在孩子還小時似乎認為：「若晚上沒有抱著孩子，孩子就絕對不會睡覺。」但是某次，她拜託丈夫哄孩子睡覺時，丈夫就只是把孩子放在床上，孩子哭了一陣後，就開始平穩熟睡。之後，就可以不用每個夜晚都抱著孩子睡覺，可以說是輕鬆許多。

另一個好處是，即便多少有些不滿意對方的做法，只要「看到了也當作沒看到」，沉默以對，**就能提高之後對方聆聽自己請託的可能性**。

「真是的！不要買些多餘的東西回來啦！」

「要整理到最後啊！」

即便做了對方拜託的事，若被人這樣唸了，不論是誰，下次都不會想再幫忙了。無謂地降低對方的熱情可不是一個好方法。

但這也不是說不論對方做了什麼都要去鼓舞他。

只要忍耐並默認對方與自己的做法不同即可。「不看、沒發覺、不在意」＝鈍感力，這樣的能力不僅是在夫妻間，對人生中所有事都是一大助力。

○「想去做」而不是「曾經想去做」

有時會因為對方做事很慢而感到煩躁吧。

明明拜託了丈夫去洗碗，他卻遲遲不動。↓妻子受不了，忍不住自己去洗。↓丈夫生氣的說：「我剛想著現在要去洗的，妳是故意的嗎！」

妻子覺得：「那你為什麼不馬上去做呢？」於是生氣的丈夫說：「我有自己的步調啦！」結果就發展成夫妻吵架。

這情況，沒有誰對誰錯。問題也不在於妻子過於心急，或是想遵循自己步調的丈夫身上。

妻子若疑惑丈夫為什麼就是遲遲不去洗碗，這一點應該要確實讓丈夫知道才對。另一方面，丈夫若是想把工作告一段落再去洗碗，就也應該要把這一點清楚告知妻子。

「我想準備晚餐，如果你現在能幫我洗一下碗，就幫大忙了。」

「抱歉，我可以先看一下這個電視節目嗎？三十分鐘後就可以去洗碗了。」

「好吧。那我就把碗留給你洗囉。」

不要懈怠於用言語傳達所思所想，要一一報告正在做的事的實際情況。單是這樣，就能大幅減少夫妻間的誤會。

POINT

將事情交付給對方後，以「看到了也裝作沒看到」的態度對待。

斥責

23

○

用角色扮演的方式
來緩和氣氛

×

揮舞正論的大旗

「之前決定好零用錢是一個月三萬日幣吧？之前是這樣說好的對吧？今天還只是八號，一個月才過了不到三分之一喔。」

「因為……」

「為什麼不仔細看著點孩子？太分心在聊天上了吧，所以才會讓孩子受傷。」

「說得好過分……」

對方說的話是非常有道理的、沒說錯、是自己做錯了，所以沒想過要回嘴，無話可說，只能暗自不甘心。

大家有沒有碰過這種情況呢？

或許也有反過來的情況吧。認為對方的過錯「完全就是錯的」「真是不可原諒」，非常想責備對方，因此不自覺的就搬出了正論。

說著正論的一方感覺良好，但卻是抱持著「我正在做對的事」的**正義感，腎上腺素大爆發**。所以有不少人**在說話的時候，情緒會漸漸變得興奮起來**（在社群網路上曾流行過「正義中毒」這詞彙）。

因此，我要直截了當的說，**夫妻間是不需要正論的**。

因為正論會把對方逼到窘境。但這情況若是放在商場上來說則不同。如果是在會議室中，最好就要清楚說出正論來。

但若是夫妻間，則要為對方打造一條逃跑的路徑才重要。

因為對方不是敵人，對方是自己的夥伴，既是伴侶，也是戰友，就算把對方逼上絕路，也完全沒有好處。

若不禁要從口中吐出正論來時，就先暫時咬緊牙關忍耐吧。

○用「角色扮演」的方式來說話，語氣溫柔，又能傳達出資訊

話雖這麼說，夫妻間經常會出現以下情況：「這種事一定要說清楚……」可是，完全堵住「逃跑路徑」並不是好事。這時候要先這樣說：

「我知道喔。」

即便很勉強，但這麼做有先暫時表示出理解對方立場與行動的意思。**即便其實完全不懂，也要說「我知道喔」，先暫時假裝表示理解。**因為只要這麼做，對方就會「願意聽你說」。

擺出了要聽對方說話的姿勢後，才開始來說「正確事項」。

而且這時候建議要讓「角色」附身在自己身上。**讓自己成為某種角色，由那個角色來說話**。

例如用「母親的角色」說：「我可不記得自己養出了一個會這麼快就把錢用光的小孩呢！」等。又或者是以「貓咪的角色」說：「希望你可以多照顧小孩一點呢，喵！」等，有點像是在做角色扮演的感覺。

或許會有點令人不好意思，但這樣做的結果是，可以比較柔性的把事情傳達給對方，也能順利改變行動。這算是溝通上的一點小技巧。

POINT

別把人逼到窘境，要為對方準備好逃脫的路徑。

24

○

談話時摻雜著幽默

✕

滿懷熱情地去說服對方

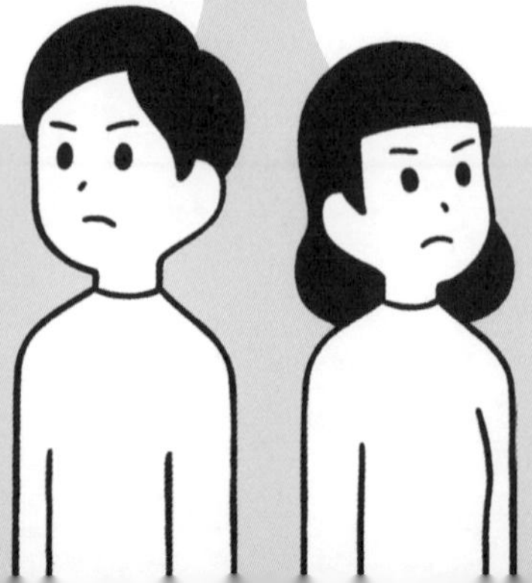

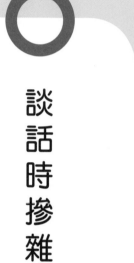

有許多夫妻都對對方累積有許多不滿，像是「為什麼不會主動幫忙我？」「還以為結婚後會為了我而改變。」等等。

希望對方如自己所想般行動是溝通中永遠的課題，而且十分困難。對方有對方的想法，本就不會也不想全盤聽我方說。就算聽了，也可能很快會忘記。這簡直會讓人想直接放棄（雙方是半斤八兩）。

首先重要的是，在這時候反而不要放入「真心」。

若用真心認真拜託對方，對方就會按自己所想的行動；**只要有愛，對方就會為了我而去做**。上述那些想法是大錯特錯。若持續這樣重複無謂的努力，就會覺得「我明明都那樣說了」「我明明真的很希望他能改變」而耗損自己的心靈。

與之相較，「別放入真心」絕對會比較明智。

只要單純地使用會讓對方想那麼做的說話方式就好。這麼一想，就比較不會累積壓力。不要想著「用熱情來讓對方行動」，**想著「要是能用些技巧讓對方行動就好了（或許也會沒用）」**會比較健康且有效。

為此，在溝通上有許多技巧，而其中之一就是「幽默」。

以下並非夫妻間對話的例子，而是我朋友在斥責孩子時會使用「青蛙的叫聲」。

她年紀還小的孩子在吃飯時會忍不住把腳放在椅面上，或是兩手抱膝而坐，也會盤腿坐，總之坐姿很不好。

起初，朋友會提醒孩子「把腳放下來」，但孩子完全不聽。**提醒孩子好幾次後，自己的心情會變差，餐桌上的氣氛也會變糟**。

因此，從某次起，她將腳放在椅子上的兒子比喻成是青蛙，並「呱呱」的叫起來。「呱呱，你又變成青蛙了喔，呱呱。」就像這樣。

結果兒子瞬間回神，老實地把腳放了下來……當然沒那麼順利（笑），但比起以前的說法，這樣的方式會讓人心情比較好，兒子也不討厭這樣的提醒法。

○「謝謝」跟「對不起」也是用角色扮演的方式比較容易說出口

此外，我另一位男性友人則說：「我要提醒妻子注意某些事情時，會扮演媽媽的角色」。

他很愛乾淨，所以會負責整理家中環境，但妻子就是很懶散，總是隨便亂丟東西，很令人困擾。不論怎麼說她都不改。總是嚴厲說教也讓他很疲憊。

這時候，他就會變身成老母親對妻子說：「小惠美（妻子的名字）！妳又～把衣服脫著不收好了！這樣不行喔！妳要馬上把衣服放進洗衣機，這樣才是幫了媽媽一個大忙！」

那樣說會比直接說教：「妳不要把衣服脫著亂丟。」更好說出口，被當成女兒對待的妻子也會比較容易坦率聽話。

此外，有時我們也會難以對丈夫或妻子說「謝謝」「對不起」。這時候可以變身成像是時代劇的演員，然後說「我實是銘感五內」「我實是抱歉萬分」。也可以用誠懇的語氣，如一個人自言自語般地說：「真的是很謝謝你呢。」也很推薦模仿搞笑的台詞或插科打渾的說法，像是「Thank you!」「這樣也不壞，對吧。」等。希望大家的心靈要隨時保有餘裕，別忘了天真與幽默。

POINT

摻入幽默，就不會心累。

第 3 章

時間與金錢的使用方法篇

為打造彼此舒適生活的禮儀

興趣

25

○ 尊重彼此的興趣

× 干涉一切

有時會想在休假日或晚上花時間在自己的興趣上，或是與朋友見面。

「下週日，我想和〇〇他們一起去打高爾夫球，可以嗎？」

「這禮拜五的晚上，我想久違的和同事一起去喝酒、聊聊天。」

丈夫與妻子對於這些話，都會希望聽到「好啊，去享受吧」的回應。

因為兩人都是獨立的大人了，彼此有各自的興趣，也有想見的人。**彼此尊重，不要互相干涉比較好。**

……以上是理想。但現實上，當然沒那麼美好。

「什麼？又去？」

「是沒關係啦……但我沒跟你說這個月我們已經沒錢了嗎？」

即便最後給出的答案是「ＯＫ」，但也會多加上這不必要的一句話，無形中干涉了對方的行動。

其中緣由，牽涉到了夫妻各自興趣與交友關係中的「時間與金錢」。

對住在一起的夫妻來說，**彼此的時間與金錢是「共有財產」**。若夫妻雙方有一方出現了經濟上的問題，另一方就一定會受到影響。分配在家事上的時間，也會希望盡可能公平。

夫妻任一方遭遇危機時，若另一方說：「可是，怎麼使用自己的金錢與時間是我的自由吧？」這也未免太自私了。

要尊重對方的興趣與交友關係，前提就是**在金錢與時間面上都要公平分配**。

○孩子還小的時期是「緊急的非常事態」

關於時間，夫妻最容易分配不均的就是有年幼孩子的時期。妻子很多時候從早到晚都要看顧孩子。

在這幾年間，**對家庭這個組織來說，是「緊急的非常事態」**。因此要先將「不干涉彼此，尊重各自的時間」這條規則暫時束諸高閣，採用「夫妻間的時間與金錢是兩人共有」的規則。

只有在這個時期中要忍耐興趣以及與朋友間的來往，一定要盡量避免「我明明忙得要死，你卻都在偷懶，太狡猾了！」這樣的狀況。

某位丈夫因為總是妻子在照顧孩子，於是想著：「好！下次放假就換我來照顧孩子，讓妻子自由外出吧。」但是他的母親聽到他說這種話之後喝斥了他：「你根本什麼都不懂！」母親還指示他說：「你要帶著孩子一起出門！」

若丈夫帶著孩子一起外出用餐，妻子就能自由使用那段時間，既可以悠閒在家度過，也可以去美容院或是去買自己的衣服。重要的是要給予妻子那種享受自由的心情，而不是擅自決定妻子的行動。該名丈夫聽母親這麼說之後，表示：「原來是這樣啊。」並按照母親說的去做，結果似乎讓妻子很開心。

不可以輕忽大意的認為：「我們家都會給彼此自由。」要定期確認：「現在，夫妻間的金錢與時間是平等的嗎？」這麼一來，就可以避免不小心踩到地雷。

POINT

留心兩人關於時間與金錢都要平等對待。

26

○ 兩人一起看電視

✕ 各自沉迷於手機

以前家庭中的景象是，早上父親在餐桌上打開報紙閱讀，而母親則斥責他說：「你不要再看報紙了。」

這也是母親在提醒父親：「只有爸爸你一個人埋頭在報紙的世界中，這樣會阻礙餐桌上的溝通，這樣是違反規則的！」

但在現代，在各個家庭中，不斷重複出現這類情況，甚至更為惡化了。沒錯，因為智慧型手機出現了。

智慧型手機的好處就是有「各別性」，可以在喜歡的時機觀看各自喜歡的內容。但最後卻會影響到家庭成員間的對話，使得夫妻間的對話明顯減少了。**不論早晚，不論是在餐桌上還是客廳裡，家人都各自看著自己的手機，因此，許多家庭應該都變得十分安靜。**

電視的時代處在報紙與手機間。在電視剛出現時，家中也會制定規則：「吃飯時間不要開電視。」

但是，**家人們朝著同一個方向看著電視，就溝通的觀點來說，還是比較好的。**夫妻兩人一起看著同一個電視的畫面，能夠討論著：「這個演員的演技真差啊」「我想看歌唱節目」等。若拿來做為話題，也有能促進夫妻對話的一面。

但是，智慧型手機的情況卻不同。大家各自看著想看的內容，無法共享，也減少了一起笑、一起哭的機會。

手機做為聯絡的工具來說的確很方便，而且事到如今，我們也無法回到沒有手機的生活了。但是，在夫妻對話的這點上，卻還是有可以改善的餘地。

具體來說，就是制定好規則，像是：「在客廳時不要滑手機」「滑手機時要先說：『我要滑一下手機喔』」等。

此外，這時候，**刻意表現得像是在看電視一樣也是一個方法**。

在大螢幕上放出影音網站的電影、連續劇、體育節目，兩人又或者是全家人一起看。雖然遠離手機是有些不便，但也可以打造出大家一起觀看、十分開心的空間。

其他像是在電視上放映出電玩遊戲，或是玩模擬桌遊，就溝通的觀點來說也很推薦。

○在社群平台上貼文要獲得彼此的同意

和智慧型手機一起支配現代家庭的就是社群平台。有的人任何事都想配上照片一起發布出去，也有的人完全不碰社群平台，這兩類人的價值觀有很大的不同。

不論是社群平台還是智慧型手機，在交友關係與社交上是無法完全切割的，所以難以去制定規則。但原則上，若這些會阻礙到夫妻間的溝通，就應該要進行限制。

而且在社群平台上發布伴侶或孩子的照片時，必須要向對方做確認。**若對方說「不好」，就能從中開啟討論。**

「我想向朋友及雙親報告，想自豪一下。」「不要，我不想被同事看到，很不好意思。」等，其他情況也一樣，應該要不斷進行相互尊重的討論，尋找妥協點。

不論是智慧型手機還是社群平台，許多人都會受其新穎及方便性所誘惑，事先決定好自己想要的距離感。正因為正確與不正確沒有清楚的界線，夫妻才應該決定好專屬於兩夫妻的規則及立場。

POINT

別讓科技來左右夫妻關係。

難以啟齒的問題

27

○

最先找對方商量

×

自己一個人想辦法解決

「公司的業績不好，獎金好像沒了⋯⋯」

「多出了意外的花費，這個月有點危險⋯⋯」

就像這樣，各位有時會陷入一些個人的小麻煩或危機之中吧。

這時候我們容易做出的舉動就是為了不讓對方擔心而什麼都不說，**想靠自己的力量來解決**。也有人會給自己施加壓力，像是：「因為這是自己的問題」「給對方添麻煩就是犯規」等。

又或者是因為覺得要一一說明很麻煩，所以乾脆隱瞞。有些則是害羞或自尊心作祟，所以保持沉默。

但是，**夫妻其中一方陷入危機時，像這樣想自己一個人承擔起來是NG的**。

單只是資訊共享的速度遲了一點，對團隊來說就會喪命。遭遇危機時更是如此。猶豫不決時，麻煩就會愈滾愈大。

「今天部長通知我，好像很難拿到獎金了。」

「這個月有很多和朋友的飲酒會，錢好像會不夠用。」

這時候若是用報告工作的語調去說「發生了這種事」，因「尷尬」而猶豫不決的感受，應該多少會變少。還有一個方法是用明快的語調報告，避免造成氣氛沉重。省略最糟糕的詞語，像是「對不起」「非常抱歉」也ＯＫ。與之相較，重要的是要直接，且要盡早告知對方。無論如何，絕不可以透過其他管道（共通的朋友等）讓事情傳入對方耳中。

只要先告知了對方，就可以告訴對方想自己解決的心思，像是「不過我想試著稍微去向公司交涉一下」，也可以和對方商量該怎麼做，像是：「我真是太軟弱了，該怎麼辦才好呢？」

透過說出煩惱，很多時候就會變得輕鬆，而且也能意外地找到突破口。

千萬不要隨便判斷要自己一個人擁抱難題。即便能順利解決，若之後讓對方知道了這件事，又會引起另一場糾紛。

「你都沒跟我說」「你都沒跟我商量」「我明明是你的伴侶」，若是一個沒處理好，就會像這樣讓對方耿耿於懷一輩子。

○對方找自己商量時，反應要盡可能冷靜

而且我們也不能忽略一點，那就是，若自己承擔一切，那對方在遭遇危機時，也會

覺得「得自己想辦法解決」而感受到壓力。這些在將來對夫妻來說都有可能會成為一大風險。

反過來說，**收到來自對方有麻煩、遭遇危機的報告時，必須要盡量冷靜以對**。雖然可能會感到驚訝，雖然會慌張地想著：「什麼？怎麼回事？」或者會想生氣的說：「你到底想怎樣？」但都要盡量忍耐。

對方本來就已經很不安了，若好不容易鼓起勇氣告知你，卻還被拒絕，就容易陷入恐慌。

對方告知自己有麻煩時，可以裝模作樣的表現出：「謝謝你告訴我。」「是這樣啊？你很困擾吧。該怎麼辦呢？」盡量冷靜以對。

若展現出「我們一起解決吧」的態度，對方就也能漸漸平靜下來。

POINT

正因為是難以啟齒的麻煩，才要盡早告知。

28

✕ 無法好好談論關於金錢的話題

○ 定期招開經營會議

「夫妻間不想無所顧忌地談錢。」
「自己的父母曾說，不要在孩子面前談錢的事。」
「把錢都交給對方管了，所以不太清楚。」

使用金錢的方式，會如實表現一個人的生活方式以及本性。或邋遢，或過於粗枝大葉，或是反過來，過於一板一眼等。

夫妻間不想談這類露骨的話題，又或是不想讓孩子們聽到，所以就盡可能不去想，或是乾脆交給對方，自己不碰。這樣的家庭應該不少吧。

可是夫妻是「●●家」這種風險投資企業的共同經營者。經營公司當然不能不管資金流向，所以必須一同成為財務經理，進行管理。

那麼夫妻間該怎麼做才能好好的來談關於金錢的話題呢？

首先，**建議要事先決定好談話的時間與地點**。不要隨便決定「下次再說吧」或是「等有機會再說」，要具體決定好時間，像是「明天十點」或「每個月十號的晚上」。

而若是夫妻間有一方無法配合該時間，就要確實重新預約好時間，調整行程表，像是：「我那天不太方便，希望可以改成隔天的同一時間，就改成星期日晚上的七點吧。」

○每月招開一次「經營會議」

像我們家，每個月會開一次名為「經營會議」的會議，統整金錢上的各種事項。我們家夫妻兩人都是個體經營者，所以兩人每個月都不會有固定薪水的收入。彼此的經營狀況都會影響到家計。我們會在會議上統整、共享所有資訊，像是收入有這麼多、支出有那麼多、有哪些大筆的購物金額、下個月的預定等。

……這麼聽來似乎挺不錯的，但夫妻間彼此的收入有時好也有時壞。而就像一般公司那樣，景氣好時，開會的氣氛就很好，但景氣不好時，當下的空氣也會凍結。這時候該怎麼辦呢？

以下這個訣竅不僅可以用在金錢問題上，夫妻間要談些不想談的話題時也用得上，那就是不要隔桌相對而坐地彼此面對面來談。因為面對面談會產生出心理上的敵對關係，一點小事就會引發爭執。

所以要避免那樣坐，盡量改成併排坐。這麼一來，夫妻間就會面向同一方向，就能營造出溫和的氣氛來。**不論是在心理上還是物理上都是「看向同一方向」**，這麼做十分有效。

因此在我家，我們會一起並排而坐地查看帳簿的數字，然後一邊啪啪的按著計算機，說著：「這個月收入增加了這麼多。」「這筆錢要存放在哪裡比較好呢？」「下個月換台新的洗衣機吧？」等。

所有夫妻就算不是一個月開一次像這樣的「經營會議」，也必須要幾個月開一次，這點很重要。這麼一來，**兩人就會一起與「家中金錢」扯上關係，且負有責任**。

「金錢很髒」「不想讓天真的孩子聽到關於金錢的事」之類的都是落伍的想法。夫妻間反而應該要多多思考、談論關於金錢的話題。

而且從孩子小時候就灌輸他們正確的金錢知識，可以說是一項必要的教育，能讓**自家孩子成為一輩子都不為金錢所困的人**。

POINT

並排而坐地來進行不好開口的談話。

29

✕ 將自己的堅持強加給對方

〇 不斷尋找妥協點

「什麼是幸福？」
「不就是什麼事都沒有，平凡地過日子嗎？」
「那麼，安穩生活的我們是幸福的囉？」
「我認為是的。」

其實這是我家某次的對話。我很喜歡像這樣類似禪問答的對話，所以雖然半是基於有趣才這麼做，但也成了一個好機會，讓兩人能確認彼此遠大的願景。

只要定下了夫妻間的遠大願景，自然就會決定好大筆金錢的使用方式。

我要重申，夫妻要決定使用金錢的方式，「經營會議」很重要，但也要重視像這樣的閒聊。

「差不多該把沙發汰舊換新了。」
「還可以用啊，這樣太浪費了啦。」

尤其是在買高價物品的時候，夫妻間的意見經常會像這樣有分歧。不過關於購物，夫妻間像這樣出現「要這樣做、要那樣做」的口角並不是一件壞事。

因為這會成為決定夫妻未來方向的「契機」。

話說回來，要不要買沙發？若是要買，要買多少價位的？要偏重選擇設計還是機能性的？在購物上必須做出多種選擇。

只要夫妻兩人一同進行選擇，就能看見彼此的價值觀以及想朝向的方向。就這層意義上來說，「購物」就是「生活」。**夫妻每買一件東西，就會磨合一個價值觀。**

我要再重複一遍，夫妻的金錢（不論是誰怎麼賺的）是兩人共有的，不可能單由一方擅自決定用途，也不可以都交給一個人負責，之後才來抱怨。

○金錢跟空間都要互相讓步

此外，家庭購物不僅關乎到「金錢」，也會浮現出「空間」的問題。

以前，我沒跟妻子商量，擅自買了空氣清淨機。我輕率地認為，那是必要的物品，而且也沒那麼貴，所以就買了。但是妻子看到送來的商品後，說出了對設計的不滿。

那時，我第一次感受到了失敗。啊！這是要放在兩人共有空間的物品，是只要在家中生活，就會看到的物品。自己擅自就決定買下實在不太好。

例如還有像是丈夫想靠最新家電方便過生活，但妻子卻想過得清爽簡便些，關於空間利用，夫妻都各有堅持。大家在購物時是否會浮現這裡提到的不同價值觀呢？

一定會有彼此堅持互相衝突的時候。但此時，彼此稍微各讓點步很重要。

因為不少時候，對方的價值觀意外地會給自己帶來好的影響，所謂生活，或多或少都是這樣的。

POINT

購物是磨合價值觀的好機會。

選擇 30

在旅遊地點，丈夫邊看著Google地圖邊到處走，妻子則待在一旁。

「奇怪？不對嗎？」

「真是的，你在幹嘛啦？讓我看一下啦。」

兩人好不容易抵達了飯店，從窗戶眺望景色。

「嗯，景色還差那麼一點。」

「咦？預約的時候你不是說這個房間風景好嗎？」

各位在旅遊時是否碰過這樣的場景，或有過這樣的經驗？不論哪句抱怨，應該都會讓人瞬間冒火。

一方已經很努力做到該做的了。另一方面，另一方什麼都沒做，卻只有抱怨說得很足，也就是**「不動手只出一張嘴」**的模式。

例如像是丈夫「負責看地圖」、妻子「負責決定住宿」時，夫妻任一方擔任「主要負責人」並沒有什麼不好，但並不是說全都丟給主要負責人就好。

要走哪條路全委由丈夫決定，妻子只是跟在後面；住宿的安排、預約都讓妻子負責，丈夫跟著去睡一晚就好。這樣是不行的。即便主要負責人是領導者，次要負責人也理應要參與其中。萬一主要負責人有感到困惑之處，次要負責人就必須協助對方前進。

○不要輕視對方「選擇時所花費的工夫」

旅行、搬家、孩子升學的選擇……人生中就是不斷的選擇。

在做這些瑣碎選項的時候，夫妻間的關係才最容易產生摩擦，要留心「選擇會成為夫妻間的麻煩」。

因為人容易**輕視他人做「選擇」或「決定」的行為**。

「稍微想一下就好。」

「隨便都可以，就交給你了。」

很多時候，有些人會不帶惡意的隨口這麼一說。

但實際上，要查詢、決定事情須要使用到體力與智力。若隨便去抓取網路上堆積如山的資訊，反而很耗時間。愈是成年人就愈不想失敗，所以必須慎重去做選擇，會平添不少壓力與孤獨感。

不過就是旅行地、不過就是個晚餐的餐點、不過就是休假日開車兜風的地點……即便如此，實際決定起來也並不輕鬆。

沒注意到這點，把一切都丟給對方，卻對結果口吐不平或不滿。

這麼一來，當然會引起爭端。所以最終的大原則就是，都要由兩個人來做決定，這樣就不太會有抱怨，就算有，應該也說不出口。

反過來說，若主要負責人想著「自己很擅長這部分」就一切都自己興高采烈地去做決定也很NG。針對各重要部分，**向對方確認「這樣可以吧？」「你覺得呢？」讓對方參與其中也很重要。也可以將平常工作時用的「能讓人事後不抱怨的技巧」輕鬆地活用在夫妻之間。**

POINT

下決定是種重度勞動，別只交給對方負責。

31

×

只有自己一個人獨樂樂

○

試著邀請對方一次看看，就算不行也沒損失

「休假日時總是盡情享受兩人的共同興趣——高爾夫！」

「可以一起看電影，討論感想，兩人喜歡的電影類型也是一樣的！」

能說出這些話的夫妻有多少呢？至少關於興趣這點，會出現麻煩、問題的機率不高。

可是夫妻的喜好及感興趣的事物是完全一致的例子非常非常稀少。

大致上來說，丈夫與妻子間都各自有著不同的興趣，經常都是不一致的。這時候，夫妻間該採取怎樣的溝通方式比較好呢？

首先應該要做的是，**確實告知對方自己的興趣及關心的事物**。

像是這樣：「下次我想去海釣，但若是想做這件事，就必須搭乘海釣船去到海上，幾乎要花上一整天。」

具體事項還要配合對方的詢問去做說明，例如要在哪裡搭海釣船？要怎麼去到哪個地點？和誰一起去？要花多少錢？等。

雖然多少有點麻煩，但之後也比較不會起口角，像是：「都沒聽你提起過！」「要花這麼多錢嗎？」

而且**試著詢問對方一次：「如果有興趣要不要一起去？」也很重要**。這可以說是最低限度的禮貌。擅自判斷對方「應該沒興趣吧」「對方一定不懂這份樂趣」是NG的。

「這是專屬於我的神聖領域」，我很懂各位像這樣想確保興趣與時間的心情，但**「表現出想和伴侶分享的模樣」這件事**，將能有助避免之後會發生的麻煩。

話雖如此，也不可以勉強提不起勁的對方陪著自己。

或許有人會想起年輕時候酸酸甜甜的回憶，那時候被男友帶去海邊，自己一直待在沙灘上看著他潛水的模樣。就男友來看，是想讓女友看到自己的帥氣模樣。而就女友來看，則是想一直看著那樣的男友。可是老實說，應該也有不少人覺得好冷或好熱，甚至覺得無聊的。

至於**聽人說明他的興趣，以及被邀請參與的人，努力表示理解也是很重要的**。

或許有時也會有與自己興趣完全不同、怎樣都無法理解的情況，但希望大家還是要試著去理解一次看看。

○尋問「可以去嗎？」並取得許可

那麼，想將休假日的時間使用在自己興趣上時，基本要做的就是詢問對方，並取得許可，例如：「這星期日，我可以去打高爾夫球嗎？」而不是說：「這星期日，我要去打高爾夫球喔。」

或許有人會覺得：「家庭內有必要這樣每件事都取得許可嗎？」但我們應該**把休假**

日想成是：「夫妻（或是家人）的時間及資產」，不容許擅自任性決定，有年幼孩童的家庭更是如此。

「這星期日有什麼預定？」

就像這樣，步驟上要先採取確認有無預定。確定了夫妻或家族間沒有預定後，再問「可以嗎？」以取得許可。

只要在日常就表現出「自己的時間是屬於兩個人的，不是專屬於自己的」在臨時有事時，就較容易獲得對方的通融。

POINT

休假日是夫妻的共有財產。

32

✕ 工作很累，家事就隨便做

○ 即便工作勞累，在家也要盡義務

對夫妻來說，「工作」是經常容易成為「敵人」的存在。

工作很忙，夫妻間沒時間交談。
工作很忙，無法空出時間來育兒。
工作很忙，在家什麼都不想做……

我們該怎麼來思考彼此的工作與夫妻間的關係呢？

首先，大前提是，**不可以有「工作比家庭優先」的想法**。

工作很重要，不論是為了錢還是為了實現自我，面對工作都絕對不能輕忽懈怠，我當然很懂各位的心情。

但是，話雖這麼說，家庭和夫妻卻更是人生中不可或缺的重要一環，也是不可輕忽的。再重複一次，若夫妻關係有裂痕，不論是工作、將來，還是平常的生活，一切都會出現裂痕。若用比較粗暴的方式來說明就是，只要維持住夫妻間的伴侶關係，就算沒了工作，人也能繼續活下去。

反過來說，「犧牲夫妻關係埋首工作」，總有一天一定會有麻煩上門。

但**這也不是說不論是在家庭外還是家庭內，都應該要不顧一切的努力**。有時候，若妻子跟丈夫都疲憊不堪，在家中就無法做任何事。

在這時候更應該以夫妻的溝通為優先。**愈是疲憊的時候，愈要努力和對方對話**。告訴對方自己「疲累」的感受、建議「今天吃外食吧」、吐吐苦水、聽對方吐苦水。只要這樣，夫妻的關係就會變圓滑，家庭中會充滿能量，也能找出解決的方法。

說得極端些，若夫妻間總是積極對話，就算家中有些髒亂、育兒上有些隨便，但家庭中的每個人也都會是幸福的。

我有某位男性友人（已婚）結束工作回家時，會在家門前拍一下自己的臉頰，重新為自己打氣。

他說：「想著『工作模式結束了』這種程度是不夠的，反而應該要重新為自己打氣：『好！現在要開始名為家庭的工作囉。』」這樣的想法或許多少會讓人覺得冷淡，卻是令人敬佩的覺悟。

若覺得「我都因工作而疲憊不堪了，才沒有力氣做這種事！」那就是你在工作方式或在工作上有問題。應該要盡早作出改善。

○多說些工作上的事

還有一個在工作與家庭間取得平衡的訣竅——每天都跟對方說說自己的工作。包括現在著手的工作內容、來往的工作夥伴等，在夫妻間都多互相分享。這麼一來，**簡單的對話和共同的話題會增多，對話也容易繼續下去。甚至在臨時碰上危機時，溝通上也能更迅速**。

「抱歉，之前說過的案件出了些麻煩，今天會晚回家！」

「之前跟你提過的○○先生想找我一起去喝酒，可以嗎？」

若是擔心「對方對這種事應該不感興趣」「這是我自己的事」，話題就會減少，也無法進行溝通，這樣下來可不會有什麼好結果。

家事可以偷懶，但對話依然要努力進行。為此，要將工作的話題帶入家庭中。這對現代的夫妻來說，正是與工作間的最佳距離。

POINT

即便工作上很疲憊，仍要努力和對方對話。

休假日的工作

33

✕

用「因為是工作」一句話帶過

○

拜託對方「希望可以讓我去工作」

丈夫：「這週日我要去和上司打高爾夫球。」
孩子：「什麼！之前不是約好了星期日要去遊樂園的嗎？」
妻子：「不能改期嗎？」
丈夫：「雖說是打高爾夫，但是是工作啊，沒辦法。」
孩子：「嗚——（哭）」

在以前的日本家庭連續劇中，經常會出現這樣的場景。

但是像以前這樣的狀況，到現今仍有部分一樣。現今，雙薪家庭增加了，當然也有**不少女性認為「工作是第一優先」**。

這些人容易脫口而出：「工作是為了家庭。」不工作就沒辦法吃飯，為了能讓家人吃上一口飯才努力工作，所以不論是星期日還是什麼時候，只要有工作，就會以工作為優先。可是，實情真是如此嗎？

當然，工作以維持家計這部分應該是如此沒錯。

可是人之所以工作還有其他理由。像是有生存價值、與自信相關的重要事物等。工作中既有有趣得不得了的時候，有的時候也是很寶貴的時間，因為是從家庭中獲得解放的「休息時間」。

也就是說，雖一言以蔽之是工作，但也有因自己想做而去做的部分。

這麼一來，**本來約定好要夫妻兩人或是和家人一起度過的時間卻去工作，就是違反規定**。不能使用「沒辦法，這是工作啊」這種推託之詞。

基本上來說，回家後，「重視夫妻及家人在一起的時間」是「本業」，也本該這麼做的。**各自的工作，對家庭來說不過是「副業」**。

○因為說了「現在是手機時間」就去滑手機

在「夫妻及家人時間」中要工作時，要獲得許可是禮貌。一定要確實向對方提出**「副業申請」**。

要問對方：「這星期日有工作，我可以去做嗎？」而不是只丟下一句話：「這星期日我要工作！」而且在說之前，加入一句「抱歉！」會更好。

這一點即便不是在休假日出勤而是在晚上要做些工作時的情況也一樣。

我在晚上想回些工作上的信件時，會先問過妻子：「我可以寫一封工作上的信件嗎？」然後才使用電腦。因為在兩個人準備晚餐的時候，只有自己在不疾不徐地處理工作很沒禮貌，我會覺得很不好意思。妻子也一樣，會先說：「現在有顧客在問問題，讓我滑一下ＩＧ。」這成了我們之間的一個規矩。

說得更甚些，這樣的禮貌不僅限於「工作」上。

兩人處於家中的同一個空間中，因為想上社群網站等而想滑手機時，要先說：「我現在要滑一下手機喔。」各自的**手機時間在家庭內**可以說就是**「副業」**。或許有人會覺得這很綁手綁腳、很麻煩，但是有這樣的心，夫妻間才能融洽相處。

順帶一提，或許有人會說：「我現在想努力工作，想把所有時間都奉獻給工作。」這時候，若能向對方說明並獲得同意當然是最好的。夫妻間不論是怎樣的相處模式都可以。但重要的是，必須是夫妻兩人都確實能同意的模式。

POINT

「因為是工作」不能成為推託之詞。

希望對方不要做的事

34

✕

生氣的說「不要那樣做！」

○

仔細說明：「因為這個原因，希望你別再那樣做了。」

「你為什麼總是開著電燈睡覺！」

「你也節制一點，不要一直盯著手機。」

各位是不是曾經像這樣，不經意地就對丈夫、妻子，或是被丈夫、妻子這麼說了這些話？

夫妻間不是只有和平相處的時光。有時候也會對對方的行為感到煩躁、不開心，不經意地就對對方做出了情緒性的發言。

但這樣做對夫妻間的溝通並不好。或許在那瞬間會覺得暢快，但也只有這樣了，之後反而會不斷累積糟糕的印象。

若想要氣氛平和些，就要**留心好好「說明」**，而不是發飆。

「開著電燈很浪費電費，我在隔壁房間也會因為你一直開著電燈而半夜醒來，所以希望你別再這樣了。」

「既然我們都在同一間房裡了，你若一直盯著手機看，我會覺得寂寞。所以希望你能稍微減少一點看手機的時間。」

這時候容易脫口而出的話有：「在沙發上睡覺可能會感冒。」「一直看手機對眼睛不好。」等，乍看之下，**這些理由感覺都是在「為對方著想」**。

就說的一方來看，或許是感覺良好，但對於被說的一方看來，很多不過是「多餘的關心」。

而且就說的一方來看，老實說，只要試著聆聽自己的心聲就會發現，很多時候之所以期望對方如何，「結果都是為了自己」。

例如「小心別感冒了」就會像是：「你要是感冒了，我還要花時間照顧你，很麻煩。」「你要是感冒了，我也可能會被傳染，很討厭。」

因此，這時候**最重要的，是要徹底表達出「我是怎麼想的」**。前面也寫過了，重點在於「I訊息」。這和「自己主觀的意見」不同。做出干涉前，要先丟出自我的意見。這是交談的鐵則。

比起強迫別人接受「我是為你想」，這樣的溝通是更誠懇且直接的。意外的，對方也可能會爽快接受地說：「我知道了。」「抱歉抱歉，我了解了。」

○也可以說明「感覺」

不！等一下！沒有具體的理由啊！

我似乎能聽見這樣的聲音。我懂，的確是這樣，有時也會有生理上的厭惡。比起有某些原因，「討厭就是討厭」才是實際上的感受。

這時候就算是**「沒來由地討厭」**也無所謂。可以說：「我不喜歡這樣，所以希望你別再做了。」「我就是會覺得生氣，所以別再用那樣的說話方式了。」也就是說，**就算不是條理清楚的說明「感覺」也可以**。

「雖然無法馬上改變，但可以做為努力的目標。」

「我不清楚是否能表達清楚，但我希望你別再做了。」

也建議可以把這些話當成開場白，在一開始就切入主題。這樣一來，自己的頭腦可以稍微冷靜些，對方也會以冷靜的調性、端正態度地想著：「啊！對方是很認真的。」

就算是在「有餘力時」才這麼做也可以，請務必試試看。

POINT

基本行文結構是：「我是這樣想的，所以希望你別再那樣做了。」

夫妻間的預定

35

○ 變更前務必要先商量

✕ 擅自變更預定

妻子：「今天預計幾點回來？」
丈夫：「啊！今天我要去和同事喝酒，不回家吃晚飯了。」
妻子：「……」

妻子：「這星期日，奶奶他們要來玩。」
孩子：「YA！」
丈夫：「……（咦？那一天不是預計要去量販店買8K的電視嗎？）」

兩種情況都是沒跟對方先說就擅自變更了預定。

約定好的會面、談生意、簽約、交貨的時期等，很多人都會確實遵守工作上的約定，又或者說是，會想遵守。**雙方決定好的「就這樣做吧」也是人際關係的基礎**。

正因為大家重視這點，才不會遲到、不會任性偷懶、不會任意變更。沒遵守約定時，立刻會去找對方商量，拜託能不能更改約定。

但若換成了是夫妻間的約定，莫名的就容易在中途變成「敷衍了事」或「隨便」。這些是許多夫妻間出現問題的原因。

夫妻是人生的伴侶，正因如此，夫妻間的小約定也該確實遵守，應該珍重以對。把約定當廢紙、擅自變更，也就是直接發出**「我不重視與你之間的關係」**這樣的訊息。

萬一沒辦法遵守約定的時候，夫妻要冷靜對話，理想做法如下：

「我雖然說過星期四晚上要照顧孩子，但突然有了工作。」

「什麼？我要去飲酒會，現在沒辦法取消了。」

「怎麼辦呢？」

「該怎麼辦？」

「現在我們是在商量，不是單方面的要求想這樣做、希望對方那樣做。希望可以一起思考有沒有什麼好的解決方法，拜託了！」

這樣的說法雖頗為拘謹、僵化，但只要先確實讓對方知道這樣的情況，聽到提議的另一方就不會陷入情緒化地想著：「現在是怎樣！」「突然這樣跟我說，我很困擾啊！」

○說話前思考一秒鐘

「不過就是個約定而已嘛。」「正因為是夫妻，不用那麼死板板的吧。」

我懂這樣的心情。的確，因為是家人而不是工作，才更能通融。若夫妻兩人都同樣是這種想法就沒問題。

但實際上，應該不太可能會這樣。「**我可是很包容了喔，但你卻很一板一眼**」，會**這樣想是人性**。因此，最好做出設定，以稍微嚴格、多禮些的感覺去做事，而且在說話方式上，也應該要細心、注意些。

在聯絡對方無法遵守約定之前，即便時間短暫，也要回頭審視一下：「**我跟客戶之間的說話方式是這樣的嗎？**」「**若是面對上司，會怎麼說呢？**」

即便這樣的思考只有一秒、兩秒，也會立刻顯現出效果。

POINT

夫妻間的約定就相當於訂好交貨期限或合約。

第 4 章

日常生活篇

常保愛情的訣竅

稱呼方式

36

×

稱呼對方為「爸爸」「媽媽」

○

稱呼對方的名字或暱稱

夫妻間溝通經常會成為討論話題的就是「稱呼法」。

若孩子成了生活重心，彼此就會叫對方為「爸爸」「媽媽」，即便是孩子不在現場的情況，仍只會叫對方為「爸爸」「媽媽」。

稱呼法這件事真的很深奧。

此前，若本來是在對方的姓氏後加上敬稱，稱為「○先生/小姐」，但從某天起改用名字「○○」來稱呼對方，就會大幅拉近心理上的距離。

反過來說，交情好的前輩升職了，所以就用「○部長」來稱呼對方，這樣一來，雖表現出了敬意，心理上的距離卻拉遠了，變得難以邀對方去喝酒。

就像這樣，**「稱呼名字的方式」在決定與該人距離間很重要**。

兩人在結婚前會稱呼對方的名字或暱稱，但若改稱對方為「爸爸」「媽媽」，兩人的關係當然會改變。

而且有孩子的家庭中，很容易會變成談話都圍繞在孩子身上。變得透過孩子來說話，或是話題全都與孩子相關。

若是像這樣互相稱對方為「爸爸」「媽媽」，**在家庭中一直完全扮演著「爸爸」「媽媽」的角色，最終，夫妻間的關係就會變得薄弱**。

因為夫妻間的對話會變得很無聊，也會減少了述說自己事情的機會。

將來，若孩子從家裡獨立出去，就會困擾於不知道該講些什麼話題、稱呼對方為「那個」「喂」，最後又會以孫子為中心，稱呼對方為「爺爺」「奶奶」……

當然，透過這樣的方式也會讓人湧現出「互為家人」的實際感受，若彼此都感到滿足就沒什麼問題。但是，覺得「進入倦怠期了」或是「想稍微找回一點戀愛的氣氛」時，就可以改變一下稱呼方式。

偶爾，只有夫妻兩人外出時，盡量不要用「爸爸」「媽媽」這樣的稱呼方式，話題也要盡量說說孩子以外的事。各位要不要試試看像這樣的「重獲約會」或「復健約會」呢？

或許剛開始會有些許不好意思或不知所措，但一定會湧現新鮮感的。

○在外也要留意稱呼方式

同樣的，與第三者說話時，如何稱呼（提及）伴侶，也經常是談話中的主題。

夫人、太太、老婆、妻子、內子……

先生、頭家、丈夫、老公、外子○○（名字）……

我某位朋友，在剛結婚的時候，妻子似乎要求他：**「希望你不要在外面稱我為老婆，可以稱我為夫人。因為這樣感覺比較尊敬。」**

「雖然我希望你喊我的名字，但這樣會讓我覺得沒辦法融入媽媽友中。」「公司的同事們，大家都稱呼『老婆大人』，我也就配合著說了。」我想應該也是有這種情況的，但還是希望大家能盡可能以對方的希望為優先。

或許有人會覺得「不過是個稱呼罷了」，但就像「人如其名」這種說法一般，稱呼在決定雙方關係上是很重要的。

大家可以試試夫妻間談論一下「希望對方怎麼稱呼自己？」這個話題。

POINT

若想改變關係，就要改變稱呼。

肌膚相親

37

○ 從肌膚接觸開始

× 為缺少性生活而煩惱

夫妻關係最初是從戀人開始的，之後會隨著時期的變化而逐漸改變。其中有不少人會煩惱於性生活的減少。

性生活是確認對彼此間信賴感的重要方法之一，但這頂多只是方法不是目的，目的是要促進夫妻關係良好、圓滿。**除了性生活以外的方法，只要夫妻間能完美溝通就好。**但問題是，有些例子是因減少性生活而使得兩人關係變差。

夫妻任一方期望與對方發生性關係，抑或是對於性生活減少感到苦惱或悲傷。另一方卻似乎完全沒有察覺這樣的情況，又或是覺得對方在迴避這問題。雙方的意見分歧才是最大的問題。

像這種時候，最理想的狀態是夫妻能好好談談，找出解決的方法。話雖如此，現實情況卻是，**這類型的夫妻談話難度相當高**。

話說回來，性的話題與金錢的話題一樣，在家庭中容易被視為禁忌。若是完全成為家人的夫妻，也會有「這時候來說這種話，很不好意思」的感覺。

因此關於這主題，就算不勉強討論也ＯＫ。不管是開口的一方還是聽的一方，對「恥度」的要求都是過高的。

既然如此，是否就只能忍耐了呢？但其實也是有個不錯的方法。

在此，**我們先不要一下子就把目標瞄準在性這件事上，可以先從擁抱、肢體接觸等**

肌膚相親開始。性生活減少的夫妻，應該平常就很少進行肌膚相親的行為。即便想著要開始來進行身體接觸，一開始也會不知所措吧。

但不須要誇張的去做什麼準備，有各種程度的接觸與方法，像是牽手、輕鬆的擁抱、一起跳舞、身體併排靠坐在一起看電視、見面時拍打對方的背部等。**其中建議初學者可以進行擊掌**。例如抱著重物回家時，可以一邊這樣說一邊擊掌：

「啊~好重。好不容易到家了，我們還真厲害，對吧？」

「很厲害唷，我們好厲害！ＹＡ！」

又或者是握手也很簡單。用像足球比賽之後那樣的節奏，猛力一握手後說：「真是踢了場好球！」這種行為既不帶有「性」的意味，又能感受到對方的溫度。

就像這樣，先試著進行擊掌、握手等夥伴間的肌膚接觸吧。這麼一來，**就能漸漸找回身體上的溝通**。

○邊調情邊開口說難以啟齒的話

有些夫妻雖平常都有在進行肌膚接觸，但就是無法更進一步，針對這些夫妻，還有一個方法就是，一邊調情一邊告訴對方關於性的真心話。

這個「邊調情邊跟對方說事」的技巧，不限於使用在性事上，還能用在夫妻間有難以啟齒的事情時。

若是要傳達**「我沒有想要傷害你，我很尊重你」**這樣言外之意的情況時，對方應該也比較容易聽得進去。

POINT

從握手、擊掌開始。

38

✕

「算了，就這樣吧。」把對方的話當耳邊風

○

反問對方「怎麼回事？」

「我說，這個週末啊～～～～」

「……」

「喂，有在聽嗎？」

「啊？沒聽到，你剛說了什麼？」

「……算了！」

因為電視的聲音而沒聽到。

因為熱衷於某件事上而沒聽到。

也是會有像這樣的情況呢。但是，這樣並不是件好事。

之前曾經告訴各位，夫妻間對話的基本就是「夫妻間什麼都可以說，想到什麼都要全說出口」，但被說的一方、聽的一方又應該怎麼做呢？

正確答案就是「仔細聆聽」。就是**「非常仔細去聽」「用盡全身氣力去聽」**。

或許對方正在說很重要的事。或許對方正鼓起勇氣說些難以啟齒的事。或許對方正在發出遭遇危機或問題的訊號。

面對這些情況時，輕率地只把話聽一半不僅沒禮貌，還會引發大麻煩。

若是因為沒聽到一些事而導致弄錯了資訊或預定的連絡還有辦法解決，要是誤會了對方的心意，就無法挽回了。

○讓對方看到你停下手邊事聆聽的模樣

不少人都不擅長「聆聽」。與其這麼說，不如說**大多數人，比起說話，更不擅長聆聽。因為人大多都是關心自己勝過他人。**

邊聽邊做其他事（看電視或玩手機）。

邊聽邊想其他事（像是「肚子餓了」或是工作上的聯繫等）。

邊聽邊思考要給對方什麼建議，像是：「就這樣跟他說吧！」

這些就「聆聽的方式」來說都是NG的。正確的聆聽方式是放空自己的腦袋，像是和對方融為一體般，帶著共鳴來聆聽。

話雖這麼說，要做到所有對話都這樣，就現實上來說或許不太可能。這時候**建議可以採取另一種模式，也就是單用身體表現出在「聆聽」的態度**。

放下正在看的手機。

關上水龍頭，向對方確認「剛剛說了什麼？」

就像這樣，只要表現出「我在聽喔，我有興趣喔。」的模樣，對方就會感到安心，覺得「他有在聽我說話」，而且也會變得比較想說下去。另一方面，表現出這樣的模樣，還有可能獲得對方的感激，像是「啊！你不忙的時候再說就好。」「嗯，沒什麼大不了的事，謝謝。」

相反的，若是開門見山的說：「那個，我有話想說。」「去那裡坐一下吧。」就是平常溝通不足的證據。因為平常都沒有好好聽對方說話，所以才會被要求做出「好好聽人說話」的行動。

POINT

平時瑣碎的會話也別漏聽了。

說話

39

對方沮喪時，溫柔輕撫他的背——

滿臉笑容地向對方表達自己高興的心情——

就像這樣，有些時候，行為舉止或表情會比話語能傳達多出幾倍的強烈心情。

溝通有兩種，一是透過話語的溝通（口語溝通），以及以話語以外的資訊為基礎所進行的溝通（非語文溝通）。

但是，非語文溝通有缺點，那就是**「容易有誤解」**。有可能無法正確傳達出當事人的所思所想。

許多夫妻間溝通上的誤會都是從這個「不說出口，用態度表示」所產生出來的。

例如下班後回到家精疲力竭的時候，有人會嘆息一聲：「唉～」或是立刻躺下睡覺。那麼做當然OK，可是這時候若丈夫或妻子在一旁，希望大家同時可以將這樣的狀況一一用話語來做說明。

「今天和顧客的會面有兩場，之後在公司持續開了三個小時的會，而且後輩的杉木闖了禍，我要幫忙收爛攤子，身心俱疲……」

同時若能將希望對方做的事也化作語言就更完美了，像是「所以可以讓我休息三十分鐘嗎？」「我想，吃過飯後應該就可以復活了，我們快點吃晚餐吧。」等。

「唉～」這樣的嘆息，一個沒處理好就有可能讓對方覺得「你故意的？」「你有什麼不滿嗎？」這就是剛才說過的「非語文溝通的缺點」。

這麼一來，就只能全說了。**沒辦法，因為你是和另一個人一起住的。**

○若無法言說，就說「無法用話語表達」

話雖這麼說，有時候也會有無法順暢用話語表達的時候。例如吵架了，心情還很激動時，就算想說話，頭腦也會一片混亂。

這時候，**只要用言語表示「我無法順暢地用言語表示」即可**。若只是沉默，只是垂首，事態就會惡化。

「我有幾件事想說，但是現在沒有辦法好好統整清楚，很混亂。我沒有生氣，請等我一下。」

若不說這些，或許對方會覺得：「什麼都不說很卑鄙。」總之，不論你本來就是沉默寡言的性格，還是你的個性就是希望別人去察言觀色，都要養成一個觀念，在家時最好「要經常動口」。

這麼一來，就能增加家庭中的會話量了。

POINT

用態度來說話所造成的誤會風險非常高。

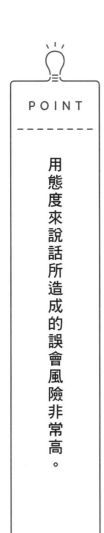

40

○ 隨便說什麼話都好

× 說有意義的話

「雖想著要增加對話，但不知道要說些什麼。」
「總是只說些連絡事項，都忘了平時的說話方式。」
或許也是有這種類型的夫妻。
但是**基本上，夫妻間的對話其實「隨便說什麼都好」**。請務必多說些「隨便什麼都好的話」。
發生在周遭的事、看到的網路新聞、做的夢。
天氣、政治、運動。
孩子、貓咪、小狗。
時尚、工作、興趣。
食物、飲料、甜食、辣的東西……
不論什麼話題都可以，用任何說話方式也都可以，反正重要的就是要說話。**總之對話量愈多愈OK。**
夫妻既是要攜手克服眾多困難的伴侶，同時也是在一起會感到放鬆的對象，可以無所事事度過很長時間又無須客套的同伴。

所以請務必去進行沒有笑點、隨便、無聊、沒有結論的談話。說話時，若只談到孩子的升學、休假日預定要一起度過、照護雙親的連絡事宜等，氣氛就會變得很僵。

○結尾處多用「吧」「對吧」

說些無關緊要的話時，也有說這些話時的訣竅及禮節。

首先是說話的方式，要使用有共鳴的語氣「～～吧」「～～就是說啊」。這樣比較會有心情相通、放鬆當下氣氛的感覺。

反過來說，若使用斷定的語氣說「就是～～」「一定要～～」即便談話內容很無聊，語調也不禁會變得強硬起來，一個搞不好就會發展成吵架，像是：「不，我覺得不是這樣。」「我不這樣想！」

其次，聆聽的一方則是**「不要要求對方說的話要有邏輯性」**。

「什麼？我不知道你在說什麼。」

「總之就是這樣，對吧？」

絕對禁止做出以上的反應。這麼一來，對方會感到緊張，且無法好好說話，同時也會產生壓力，如此一來就會中止對話，像是「那算了。」「我也不是很清楚。」「這樣做比較好喔。」「那這樣做呢？」像是這樣的建議也會有類似的不良影響。

隨便說什麼都好的談話目的就只是「持續對話」，所以管他「是不是有意義且合邏輯的」，隨便怎樣都好。要是誤解了這點，就是本末倒置了。

有事時，好好的把話說得簡單易懂（使用LINE也可以）。

沒事時，隨便說些什麼都好（用LINE也行）。

只要實踐這兩個觀點，夫妻間的對話就會增加，關係也會改善。

POINT

隨便說些什麼以增加對話量。

讚揚

41

○

在外讚揚對方

×

在外貶損對方

「我們公司真的太笨了。」

「上司真的很沒用。」

大家應該經常能在喝酒的地方看到像這樣說公司壞話的人吧。

當然，應該沒有人完全對自己工作的公司沒有一絲不滿吧。

可是看到在公共場所不斷大聲說公司壞話的人時，各位在心情上會不會有些複雜呢？會想吐槽他們**「既然這樣，要不要乾脆辭職？」「是你自己選擇了要進去那間公司工作的吧？」**

公開說自己妻子或丈夫壞話的人雖然這樣想好像有些嚴苛，但情況也是一樣的。

「我家老公完全不做家事，真的很礙手礙腳。」

「我家老婆沒有做菜的天賦啊！」

雖然這有可能是互動時順口說說，也可能是社交辭令或謙遜的說法，但就聽到的一方來說，感受上可不怎麼好。

在伴侶不在時說這些壞話不太好，在本人面前向第三者數落對方就更糟糕了。

「這個人真的是什麼都不做。」
「這傢伙實在很不會做菜啦——」

雖然被提醒的一方會介意當下的氣氛而不會直接提出反駁，卻也會累積怒氣。

「在對方不在場時說他壞話」「在有第三者在場時說對方壞話」，兩種都是很卑鄙的溝通，既然這樣，還不如「兩人獨處時面對面好好抱怨一番」。俗話說「愈吵感情愈好」就是這樣。

然而，若換成了是「讚揚」的情況就不同了。除了可直接對本人說，本人不在時，光明正大的說也OK。比起被人直接稱讚自己，**人對於自己被間接讚揚了會更感到開心**，人就是有這種心理（又稱溫莎效應，Windsor effect）。

譬如丈夫平常就要對朋友說：「我太太很會做菜。」那麼，該名朋友來家裡作客時，只要說：「太太您很會做菜吧？」妻子就會非常高興。

此外，只要平常就對孩子說：「媽媽很會做菜，我們很幸福吧。」妻子得知這件事時，也將會格外喜悅。

○若是夫妻，就算稱讚外表也不會構成性騷擾

前面有寫過，讚揚對方時有些地方須要注意。「讚揚」這件事，基本上是「上位」者在做的，有時會變成是評價。

可是讚揚對方的外表就不用擔心這件事。

「好帥！」「好可愛！」

「好有型喔，很適合你～！」「頭髮剪了之後好清爽呢！」

在出現「稱讚職場同事外觀是不是會構成性騷擾？」的質疑浪潮中，夫妻是不用心懷顧慮就可以稱讚彼此外表的存在，所以請無所顧忌的稱讚對方吧。

POINT

與其在人背後說壞話，不如面對面抱怨。

外遇

42

「為什麼不能外遇呢？」
「要是伴侶外遇該怎麼辦呢？」
「話說回來，要做到怎樣的程度才算外遇？」

在飲酒會席上，要是被問到這樣的問題，應該會出現各式各樣的意見吧。連情侶間的外遇都會出現無數種答案，一旦成為夫妻，這問題就會超級複雜。「我不會外遇喔，因為我很愛對方。」有人會這麼說。但話說回來，「愛」是很模糊不清的概念，即便是彼此喜歡的兩個人，結了婚後，感情通常也會出現變化。因為喜歡或討厭而決定會不會外遇，不得不說是有點危險的。

有位藝人是以愛妻人士而聞名，以前他曾在電視上說過如下的話：

「如果妻子因為自己外遇而說要離婚，自己就得付贍養費。若要一直付到孩子們二十歲為止，總金額大概要兩億日圓。在這世上，有價值兩億日圓的性愛嗎？應該沒有吧？所以我不會外遇。」

或許就情感上來說，這樣的說法很隨便，但卻不可思議的很有說服力。就做為抑制外遇的力量來說，「風險高」或許會比「因為愛」更強而有力。

○結婚是「決定性」的問題

人生中，經常會碰上最終要靠自己說出**「只能這樣決定了」**的情況。決定讀哪間學校、去哪裡上班、決定住家或住在哪片土地上時，又或者是要不要買房？要換工作還是獨立創業？在日常工作中也有「這個是決定性的問題」這種轉折點。不論選擇什麼都有優點、缺點、好處、壞處，要以什麼為優先？要放棄什麼？只能靠自己來決定。最終決定的是自己，一切責任都在自己身上，不能怪罪於人。

和誰結為夫妻，不也是其中一個「決定」嗎？

在自由戀愛、自由結婚的現代，「決定」要和這個人結為夫妻。「決定」這件事，用撲克牌來說，就是捨棄其他牌。因為選了這一張，就無法選其他牌。

夫妻間的「不外遇」也是社會中大致制定下的一個規則。**因為「決定」要和這個人在一起，所以遵守規則。除卻戀愛情感，去決定「不要這樣做」**，這不也是一種態度嗎？

應該也有人會有以下的意見：「在說什麼不知趣的話？」「愛情可不是在頭腦裡想

想就好的！」

但是不論是「因為風險很高」還是「因為決定好了」都好，這麼做以守好自律的尺度、守護好兩人的關係，或許才正是剛才說過的、模糊不清的「愛」的實像。

若是如此，所謂「失去了愛」就是**「失去了珍惜兩人關係的心」**。若認為確是如此，就有可能成為外遇的原因。

這些事，都是在夫妻談話前，只能在自己心中再三思考的。

POINT

自己心中要把握著不外遇的尺度。

希望對方別做某件事時

43

○ 先放著不管，在一邊看著就好

× 勉強對方配合自己

妻子的心情好像很不好，看起來有些煩躁，感覺放出的氣場是：「別跟我說話，別進到我的視線範圍來。」可是自己並沒有明確的證據。話說回來，她為什麼煩躁啊？身體不適？工作不順利？不，難不成原因出在我身上？

對方莫名有些不開心，但自己卻不知道原因，也不知道該怎麼應對，各位是否有過這樣的經驗呢？轉換到妻子這邊，也是有丈夫單方面放出煩躁氣場的時候吧。

本書建議，此時要擺出的姿態是，**夫妻間總之就是什麼都要說出口，要化為語言**。

因此，像是這種情況，最理想的就是如下的發言：

「你好像很煩躁，是嗎？」

「有什麼我可以幫忙的嗎？還是你希望先別管你？」

一邊觀察對方的狀況，**一邊給出行動的選項**是比較好的。

那麼，如果該說的都好好說了，但對方心情還是一樣糟的時候該怎麼辦？

這時候，發出過於強硬的發言並不太好，像是：「你為什麼都不說話？什麼都不說很沒禮貌喔。」

對方也是人，理想畢竟只是理想，有時也會不論被問了什麼都不想回答，或是沒有力氣出聲。

若自己小心翼翼，卻還是得不到良好的回應，最好就先放著對方不管。話雖這麼說，也不是要大家說著：「我不管了！」而放棄對方，雖然放著對方不管，卻還是會留心注意，用雖然放置卻還悄悄關注著對方的溫度感來對應。

○讓對方共有自己的煩躁點

肚子餓了就會煩躁，想睡就會煩躁。

被時間追著跑時就會煩躁，有太多該做的事時就會煩躁。

生理期時會感到煩躁，某人連絡自己的時候會感到煩躁。

就像這樣，每人都有各自的「煩躁點」。**若有自覺到自己的煩躁點時，只要彼此先掌握好，就能成為一起生活時的智慧。**

「煩躁」的傳染率也很高，只要有一方感到煩躁，另一方也會莫名煩躁。因為另一方會東想西想：「為什麼煩躁？」「啊啊！真討厭！家裡的氣氛變好糟！」只要理解彼此的煩躁點，就能避免這樣的疙瘩。

只要能推斷出原因，像是「一定是因為肚子餓了吧」，就可以找出應對法，像是先試著拿出零食，然後趕緊準備晚餐。**人的心理就是，只要決定好要做的事，就能先冷靜下來**。至少這樣自己就會停止煩躁。

當然有時也會因為誤會而火上加油，這時候只要回歸先安靜放著不管的作戰就好。

POINT

不要勉強對方行動。

44

✕

認為「對方在自己身邊是很理所當然的」就輕忽大意

○

覺得「或許哪一天對方就不在了」而保持緊張感

人只要習慣了任何事，就會失去緊張感。這點就夫妻關係來說也是一樣的。

結果就是會出現不去注意服裝或儀容、若無其事的放屁或打嗝、紀念日的慶祝在不知不覺間就沒了等情況。

好好展現自己、表現出「我很可愛喔」或「我很帥喔」的精力也減少了。這些對於夫妻來說，可以稱得上是「問題」了。

「我們夫妻這樣就好。不如說，兩人相處愈漸自然，在一起就會愈輕鬆。」

若兩人都同樣是這樣想的，那就是「幸福的夫妻」。即便如此，**把對方的存在想成是「習慣」「認為很理所當然」就會是問題了**。

昨天、今天、明天，認為對方近在咫尺是很理所當然的、會回家也是理所當然的，以及不對對方心懷感謝都是不太好的事。

能健康的一起和對方度過的時間就待在一起。

即便時間、地點不同，但只要對方活在這世上，就可以傳LINE、打電話、打skype連絡感情。

這些其實是非常幸福的，但因為每天都一起度過，且頻繁地相互連絡，不禁就忘記了這點。

那麼有沒有什麼是可以幫助我們**別輕忽、別把對方的存在當成是理所當然的呢？**

某對夫妻在每晚睡前都一定會對彼此說：「今天也很謝謝你，我最喜歡你了。」看起來感情非常好。但某天早上，丈夫猝逝了。妻子有很長一段時間都悲傷度日，但之後，她說了如下的話：

「那天晚上，我也對丈夫說了：『謝謝，我最喜歡你了。』才睡，我的心意傳達給了他，所以在這一點上，我沒有後悔。」

○別說「出門小心」，要說「回頭見喔」

我們夫妻，晚上一般會說完「晚安」才睡，但有一次，我開玩笑地說：「那就再見啦。」

結果妻子說：「說『再見』讓人感覺好寂寞，說『明天見』再睡吧！」我覺得其中包含了「明天再精神飽滿的見面吧！」這樣的祈願，所以也深感同意。

此外，我某位女性友人的家人們在早上上班、上學出門時，不會相互說著：「我出門了」「出門小心」，取而代之的則是會說：「回頭見囉！」

其中應該有懷著「之後我們一定會再見，我會平安健康的回來！」「要平安健康的回來喔！」這樣的心意吧。

將祈願融入在每天微不足道的的打招呼中——為了不輕忽對方的存在，這非常重要。

POINT

每天用心打招呼。

45

× 把離婚看成是人生的失敗

○ 有時離婚也是幸福的

在現今日本，可以計算出約兩分鐘就有一對夫妻離婚。對任何夫妻來說，離婚已經不能說是事不關己了。

「我曾失敗過一次。」

「我離過兩次。」

這樣述說自己離婚經驗的人有很多。社會上，也有不少人認為離婚就是「失敗」「重回娘家」「挫折」。

但是，我們也差不多應該改掉輕易地就把離婚想成是「失敗」這樣的習慣了吧。**離婚不過是夫妻兩人考量了「今後該如何走下去」許久後，最後做出的選擇之一。**既有人選了維持婚姻這條路後變幸福的，反過來說，也有人是選擇了離婚這條路而變幸福的。

沒有結婚就很好、離婚就不好，或是結婚就是成功、離婚就是失敗這種說法。**都已經不是無知孩童了，希望大家也差不多該改改觀念了**。

○別把離婚視為忌諱

一般夫妻對「離婚」應該採取怎樣的態度呢？

「你要是不做〇〇，我們就離婚！」像這樣出口威脅不太好，但將之視為忌諱，認為「我們夫妻絕不可能離婚，不會與離婚扯上關係。不論只是思考還是把離婚兩字說出口都覺得討厭」也不好。

因為這有可能與夫妻的「家族化」有關。自己有很高的可能性，天真的以為那個人不論做了什麼、說了什麼都不會離開自己身邊。

若被對方慣著，就會失去緊張感，體貼的心意也會減少。這樣就會使夫妻間的關係走下坡。

既然如此，我們是否又可以由夫妻兩人打開天窗說亮話，主動提起離婚的議題呢？但事情並沒有那麼簡單。雖說是夫妻，也難以對離婚的話題侃侃而談，這就如同夫妻間也難以赤裸裸地討論性愛話題一樣。

因此，讓我們把「每兩分鐘就有一對夫妻離婚」這個數字拉來做我們的友軍吧。在你身邊，應該至少有一、兩位有離婚經驗的友人或認識的人。偶爾也將他們的離婚拿來當成夫妻間的談話主題吧。

「要是我們也碰上了同樣的狀況，你覺得會怎樣？」
「要是我們也變成那樣該怎麼辦？」

別把他人的離婚事情當成單純的八卦來說而已，可以把自己代入其中，談談彼此的離婚觀。

「若是那樣的情況，我們也離婚吧。心情放輕鬆些。」
「這可不是別人家的事呢，得留心些。」

對夫妻來說，透過這種做法所產生出來的價值觀，很多時候都會是正面、積極的。

POINT

兩人也要偶爾談談離婚的話題。

46

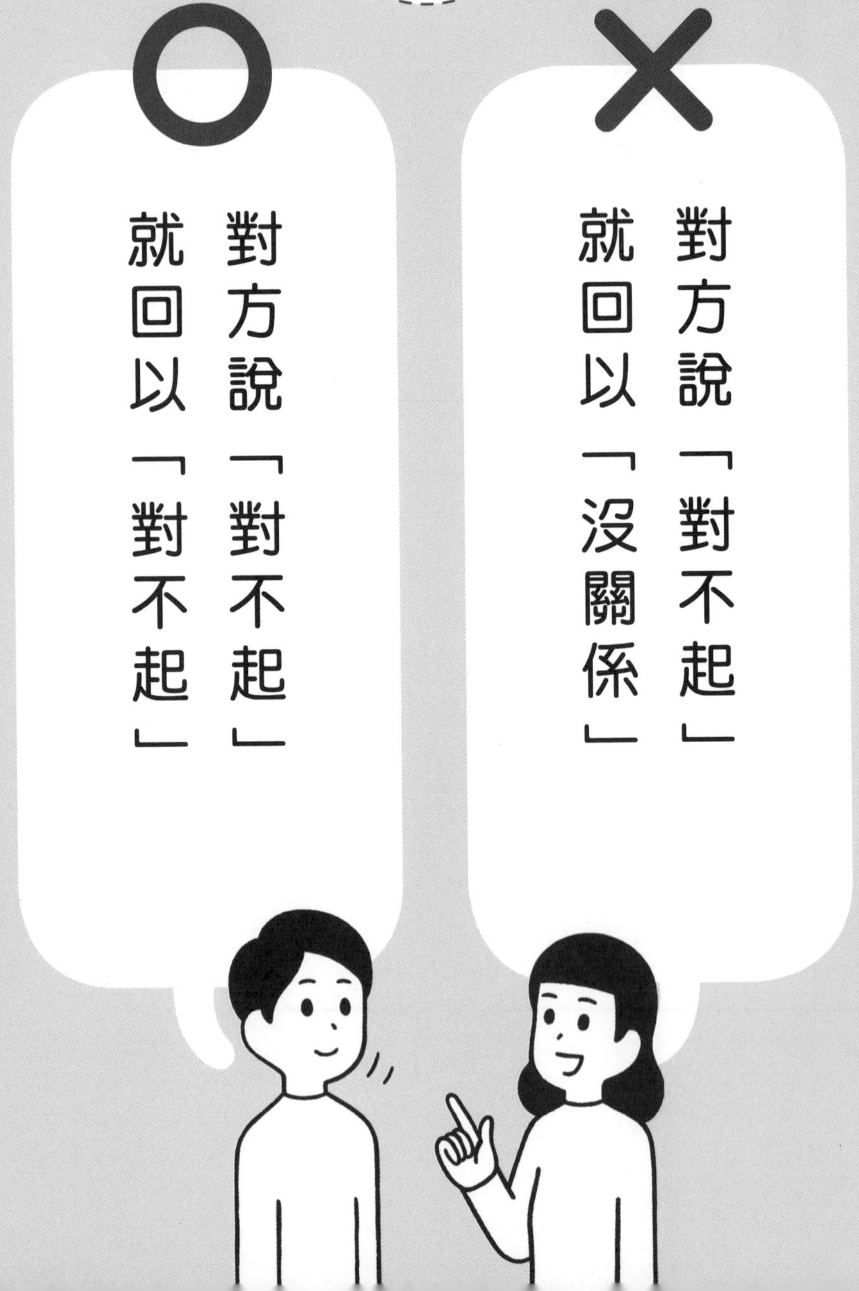
○
對方說「對不起」
就回以「對不起」
×
對方說「對不起」
就回以「沒關係」

「對不起。」
「我也很抱歉。」

「對不起。」
「我也有錯。」

若對方說了「對不起」，就回以「對不起」。因為對方既然努力擠出了道歉的話語，自己就也要努力。
這就是夫妻吵架理想的終結方式，但這點意外的困難。

「對不起。」
「……沒關係。」

「對不起。」
「嗯，我能理解，所以沒關係。」

我們很容易給出上述那些回答。這麼一來，**最後就會帶上點「輸贏」的色彩，對於說出「對不起」的人來說，會留下無法釋然的心情**。

在公司的上司也是，若下屬對心胸寬大的上司說：「對不起，我失誤了。」上司也道歉：「不，我給出指令的方式也有錯。」下屬就會接續著說：「不，不是那樣的。」並鬆了一口氣，讓事情能圓滿結束。

話說回來，夫妻吵架很少會有全部都是某一方錯誤的例子，自己也一定會有做不好的地方。

或許那樣的錯誤與對方的錯誤比起來是比較小的。即便如此，**也要承認自己的小錯，針對錯誤部分道歉**。這才是最終解決事情的捷徑。

○「說說看是什麼地方對不起」這句話很不需要

「對不起。」

「說說看是什麼地方『對不起』啊。」

這樣的方式很不好。

這等於完全沒有接受對方的「道歉」，而且還像是在反擊對方的「道歉」一般。這樣不僅沒有辦法解決問題，還使情況更加紛亂了。即便覺得「不要隨隨便便道歉啊」還是**希望大家能先認可對方的「道歉」**。

另一方面，道歉方若做出以下的行為也不太好。

「若我說出了令你誤會的話，對不起。」
「如果讓你聽起來是那樣的，對不起。」

一邊說著「對不起」，看起來卻完全沒有道歉的感覺。

題外話，這就和說著「是採取這種接受方式的你不好」「你不可以這樣誤解啊」一樣，是近年來政治人物常常脫口而出的說法呢。

下次，希望大家好好檢視，自己是不是把政治人物輕視國民的說話方式也用在了重要的伴侶身上呢？

POINT

夫妻吵架時，別糾結在誰輸誰贏上。

紀念日

47

○ 重視平凡無奇的日子

✕ 不重視紀念日

「結婚紀念日？我才不想什麼節日都一一慶祝呢。」

「光是為了孩子跟家人的紀念日就忙得焦頭爛額了，夫妻間的紀念日差不多就好。」

開始交往的紀念日、結婚紀念日、生日、聖誕節、情人節……

從交往起到結婚時，多少都會留心值得慶祝的紀念日，但成了夫妻後，不禁容易變得馬虎。

「已經沒了像從前那樣的濃情蜜意，所以就沒必要勉強慶祝了。」

「我們家是靠著信賴相互結合的，像紀念日那種形式上的東西隨便怎樣都可以。」

我也能理解這樣的想法。

但是話說回來，紀念日並不是像這樣的東西，不是因為濃情蜜意才慶祝，也不是因為濃情蜜意而不慶祝。

什麼都不想的直接決定「紀念日就是要慶祝」，這樣的夫妻會比較圓滿。

世上的紀念日，大多都只是形式上的東西而已。

例如鄰近一年一度的「父親節」「母親節」時，就會在街上看到「感謝父親、母親的宣傳活動」那樣。

但是，也不是說只要在那一天做出感謝就好，對吧？在日常中本就該心懷感謝。即便如此，因為設定了「父親節」「母親節」，忙碌的現代人就勉為其難的想著：「打通電話回父母家吧。」「送束花吧。」先不論有沒有實際做出行動，但至少有想到：「對啊！得心懷感謝。」

在交通安全週的期間、公司的清潔月期間、中元節或年末時節都一樣，在儀式和紀念日這種東西中，有著一種效果——**想起在日常中忘記的心情**。

既然這樣，就沒理由不慶祝夫妻間的紀念日吧。

應該也有很多人覺得，比起平常就**用話語表達些什麼，舉行慶祝活動還比較輕鬆**。

○每個月制訂一天蛋糕日

朋友中，有對夫妻是「每個月制定一天是『蛋糕日』」。每月一次買蛋糕回家，夫妻兩人一起吃。

吃著熱騰騰的飯、洗個暖呼呼的澡、睡進蓬鬆軟綿的棉被裡，夫妻倆一起度過這樣的時間——希望大家可以將這樣平凡無奇的日子，細細品味成是「這樣的時間好幸福喔」，並好好珍惜。

可是實際上，大家多會被工作或家事追著跑，沒有那樣的閒情逸致。此外，若要慶祝紀念日，就要預約餐廳、準備禮物，莫名就會忙亂起來。

但若像是「蛋糕日」這樣，就不需要花那些功夫，也不用特別去預約。即便如此，只要把蛋糕放在眼前，就會度過與日常稍微有點不一樣的特別時間。

若是喜歡吃烤肉，就訂定「烤肉日」；若是喜歡吃壽司，也可以訂定「壽司日」。

把平平無奇的日子制定成是兩人特別的日子，這是非常好的夫妻溝通方式。

順帶一提，日本制定十一月二十二日為「好夫妻日」約是在二十年前。與「父親節」「母親節」相較，這節日的歷史還算短。但從現在起，我們應該開始重視帶起**「意識到夫妻關係很重要的風潮」**。

POINT

決定好來慶祝紀念日吧。

48

○ 自己主動先重視對方

✕ 認為對方「都不重視自己」，累積不滿

此前我不斷重複寫到：**「要不斷將所思所想化作語言，告知對方。」**

例如夫妻兩人外出去某處，行走間，妻子覺得腳很痛時，若覺得：「啊——腳好痛，想在某處休息一下。」妻子就一定要將這件事說出口，告知丈夫。

「今天穿了新的淺底皮鞋，腳好累，想去最近的店家休息一下，不論是羅多倫咖啡、星巴克還是麥當勞都好。」

即便忍著疼痛，心中想著「注意到我的狀態啊！說一下要去哪裡休息吧！」事情也不會百分百如願。

同樣的，有時可以說：「我很努力在走了，希望你先暫時別管我。」也可以說：「希望你可以幫我去附近的藥局買貼布。」

雖說原則是這樣的，但其中也有難以說出口的事。

「希望你對我更溫柔些。」

「希望你更重視我一點。」

例如像這樣的要求就很難開口，說出來會很不好意思，而且如果對方做出了輕率的回應，自己也會無言以對，感到很受傷，像是：

「咦？我已經很溫柔啦。」

「好好好，我會重視你、重視你。」

○自己主動先做希望對方做的事

在這種情況下，還有一種方法是，可以先把「把想法化作語言是原則」擺到檯面上來，然後「試著自己主動先做希望對方做的事」。

因為希望對方對自己溫柔，就自己先溫柔以對。

因為希望對方更重視自己，就主動先更重視對方。

人收到了什麼東西、受到了什麼幫助後，就會動心起念的想著「得道謝」「得回禮」（好意的互惠）。

即便是夫妻間，若努力為對方做某件事，對方就會想著：「下次換我來。」我們要好好利用對方這樣的心理。

自己先做出希望對方做的事，不僅是關乎情感上的。

例如若想著：「希望對方能多跟我說說話。」就要自己主動不斷搭話。若希望對方問自己：「最近過得如何？」就要先主動試著問對方：「最近過得如何？」

比起悶悶不樂的想著：「為什麼不對我溫柔些？」「為什麼都不跟我說話？」自己先主動行動，會能更快得償所願。

面對總是在一起的對方時，不禁就會想任性撒嬌，要求也容易變多，例如：**「希望幫我做～～」「為什麼不幫我做～～？」**猛然察覺這些事後，就要從自己先開始做起。

請試試看吧。

POINT

先出手做，願望就會實現。

49

✕

不要給社會添麻煩

○

就算要與世人為敵，也要做對方最堅強的友軍

「我家兒子給您添麻煩了，真是不好意思。」

母親一邊這麼說著，一邊深深向對方低頭，一旁的兒子則顯得無精打采。

在連續劇與電影中，三不五時會出現這樣的場景。但時常在這之後，只剩兩人獨處時，母親會這樣說：

「雖然在那個當下我是那樣說的，但不論發生什麼事，媽媽都是站在你這邊的。」

即便要與世界為敵，自己仍是你的友軍——

這雖是親子間的例子，但希望夫妻間也能有像這樣一致的想法。「我是你最堅強的友軍」「我永遠尊重你」其實是一種非常能獲得回應的愛的形式。

但是有的時候，我們仍不禁會**重視面子更勝於對方，重視自己的尊嚴更勝於對方**。

例如丈夫看著商店旁人行道上的棚架過於入迷而擋到了後面其他客人。

這時候，妻子理所當然地會說他：「你看，你擋到人了。」「靠過來這邊啦。」然後用力拉扯丈夫的手臂，而丈夫則會露出不高興的表情。

「不可以給別人添麻煩喔。」「你的觀點為什麼這麼狹隘？」像這類焦急、羞愧的心情我也不是不能理解。**教訓孩子時也會習慣性**的說：「夠了！好好看一下四周。」

因此，被說的丈夫就會覺得被輕視了：「為什麼要在人前罵我？」會賭氣的想著：

「咦？這個人不是站在我這邊的嗎？」

如果很重視夫妻間的關係，就不要捲起袖子來「斥責」，可以輕輕推一下他的手臂，輕聲說：「你擋到人囉。」

視給周遭帶來的麻煩情況，希望大家可以在心底放著類似「我認為，比起世人或周遭，我更重視你」這樣的心情。

○設立假想敵，加強連帶感

那麼，夫妻要做為彼此的友軍還有一個更簡單的方法。

那就是設定出一個「假想敵」。**若兩人有著同樣的敵人而結合在一起，就能簡單地成為友軍。**

例如在談到孩子的事情時。若稍微出現了一點小爭執，就可以把學校的老師想成是「敵人」。

「可是最後導師的應對很糟呢。」

「就是說啊，很糟呢。」

像這樣，至少可以先修復關係。

這時候，若對對方好不容易提出來的意見持反對意見：「什麼——？可是我覺得老師也很辛苦啊！要求老師到這地步有點過分了。」是NG的。

有不同的意見當然沒問題，但在那個當下，**確認「站在同一邊的友軍」這個意識，要放在較高的優先順序上**。等氣氛平穩一點了之後再說意見就好。

但是，不可以在孩子面前使用把學校老師當「敵人」的這個方法。此外，也有人不喜歡把特定人士塑造成是「敵人」的。

這時候的訣竅就是可以把天氣、社會情勢當成是「敵人」，像是：「真是的！一直下雨真的好討厭呢。」「新冠肺炎好嚴重喔。」

POINT

偶爾也要寵一下對方。

50

×

和價值觀相同的人結婚

○

和能相互溝通的人結婚

「離婚是因為價值觀不合。」

這是我們經常會聽到的離婚原因。

但實際上，有很多情侶都是雖然價值觀不合卻依舊相處融洽的，也有很多夫妻雖然價值觀相合卻分開的。

「想和價值觀相合的人結婚。」

這是未婚人士經常放在嘴邊的話。的確，若是和價值觀相合的人在一起會比較輕鬆、有趣。可是在這世上，沒有人的價值觀是和自己百分百相合的。

此外，**正因為差不多相似的價值觀，介意且不允許些微的不同，所以才離婚，像這樣的夫妻也很多。**

可是若重點不在價值觀上，那到底問題出在哪裡？

仔細詢問了一下說「價值觀不合」的人就會發現，正確說來，「不是價值觀不合，而是**無論如何都無法填補那樣的不同**」。

也就是說，「填補、不能填補」「能磨合、不能磨合」才是能相處融洽的夫妻以及不能相處融洽的夫妻間的分別。

例如有對夫妻的價值觀不同，丈夫是戶外派，妻子是室內派。即便意見不同，但只要針對從中引發的問題好好討論、商量，就幾乎不會有問題。

「這星期日，我想去爬山。」
「我想在家讀書。」

即便雙方的意見在一開始時是這樣各有不同，但商量後的結果，只要決定好「那這星期日就各別行動吧」，就算解決了一件事。

「偶爾也一起去爬山吧。在山頂上讀書不也別有一番風味？」
「也是呢……那就試著去走走吧！」

也有可能出現像這樣心平氣和的發展。

儘管妻子溫和地說服丈夫：「我想在家讀書。我也希望你可以和我一起待在家裡。」若丈夫聽都不聽，只是一味宣告：「不要，我要去爬山。」兩人就會決裂。

即便丈夫探詢著：「我想去爬山……」妻子仍完全不表示理解，而是說著：「為什麼要去那麼危險的地方？你有沒有把家人放心上？」這樣兩人也會決裂。

也就是說，夫妻間相處不融洽不是因為價值觀不合，**是因為價值觀不同時沒有好好**

溝通，才會不融洽。

○談話後的結果若是離婚也無妨

反過來說，能溝通的兩人則能相處融洽。若兩人能好好討論，應該就能找出兩人都能認同的妥協點。

假設**努力討論後的結果是彼此都認為及同意：「難以再在一起了。」也可以離婚**，就這樣來說也是個很好的解決方式。

沒錯，**重要的是夫妻隨時都要交談**。若兩人能相互交談，不論發生什麼事，都能順利解決。

POINT

能好好討論的兩人，就能相處融洽。

結語　雖然夫妻間沒有正確答案

伴隨著新冠病毒的流行，在許多家庭中，夫妻在一起的時間都變多了。

有些夫妻在不習慣的夫妻相處時間中感到窒息，相處起來不太融洽。相反的，也有些夫妻因說話的時間增多了，變得相處融洽。

有個詞語叫「新冠離婚」，在二〇二〇年，很多人都重新開始思考起關於夫妻兩人的關係。

在新冠肺炎之前，日本人的平均壽命不斷延長，**一生中，夫妻一起度過的總時間也變長了**。

但因為這次的情況，應該很多人都思考起孩子離家後夫妻間彼此的關係及退休後的生活。

工作方式改變了，生活方式也改變了，其中婚姻生活及夫妻相處方式當然也持續在大為轉變中。

趁著現在這個時機，只要做出行動來改善夫妻關係，在幾年、幾十年後，一定會出現成果。

就這意義上來說，或許二〇二〇年可謂是「夫妻元年」。

我強烈希望能為夫妻溝通新常態幫上一臂之力，所以寫了這本書。

* * *

話說回來，我本來就會比較積極熱情的關注家族以及夫妻這樣的主題。

尤其是關於夫妻相處方式以及家族新型態的主題，我可以說上好幾個小時。雖然我一直都想盡可能冷靜以對，但唯有在談到自己家人時，經常會被人笑說是「很熱情」。

這次，我詢問了多對夫妻關於夫妻關係圓滿的秘訣。

我得知了所有夫妻間都有兩人專屬的對話訣竅和平常就會注意的地方，對此，我深表感謝。

就外人看來，「契合度很高」的兩人也會有煩惱，但同時也有為解決這些問題的溝通方式。

夫妻間不可能什麼事都不做就能相處融洽。

這雖是理所當然的，但能察覺到這一點，就是一大收穫了。

同時，我在書寫期間一直會想到的，當然就是我們家了。

「我們夫妻能做到這點嗎？」「最近我們沒做到這件事呢。」我一一反省、認同地寫完了這本書。

在這夫妻元年間，能重新看待自己夫妻間的關係，也是很幸運的收穫。接下來，希望大家面對現今的關係時，不要鬆懈以對，不要輕忽大意，要專心致志地以「成為更融洽相處的最佳夫妻」為目標。

夫妻間沒有正確答案。若有一百對夫妻，就可以有一百種相處方式。

各對夫妻都有各自讓夫妻關係圓滿的說話方式。

但是如果本書中有一項訣竅能改善你與伴侶間的關係，或是再次發現了能讓兩人融洽相處的提示，我將打從心底感到高興。

＊＊＊

對於提供我真實且溫暖人心故事的各位，以及以極大耐心包容我過度熱情的責任編輯大竹朝子小姐，我由衷地對你們表達感謝之意。

寫作時，我想要重現連我自己都很喜歡的話語來完成本書。謝謝各位閱讀到最後，希望我們能再見面！

身體是資本，健康最重要。

夫妻是基本，夫妻關係最重要。

五百田達成

Note

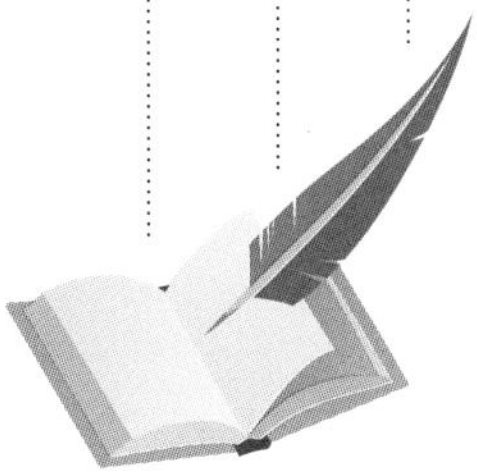

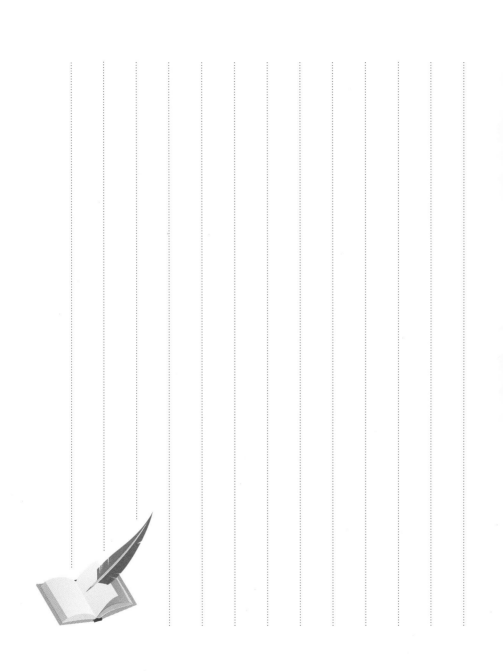

國家圖書館出版品預行編目資料

鬱鬱寡歡的妻子,無動於衷的丈夫 : 改變對話方式,讓夫妻關係更融洽/五百田達成作 ; 楊鈺儀譯. -- 初版. -- 新北市 : 世茂出版有限公司, 2022.05
面 ; 公分. -- (心靈叢書 ; 4)
ISBN 978-986-5408-86-2(平裝)

1.CST: 婚姻 2.CST: 夫妻 3.CST: 兩性關係

544.3 111002873

心靈叢書4

鬱鬱寡歡的妻子，無動於衷的丈夫：改變對話方式，讓夫妻關係更融洽

作　　者 / 五百田達成
譯　　者 / 楊鈺儀
總　　編 / 簡玉芬
責任編輯 / 陳美靜
封面設計 / 林芷伊
出 版 者 / 世茂出版有限公司
地　　址 / (231)新北市新店區民生路19號5樓
電　　話 / (02)2218-3277
傳　　真 / (02)2218-3239（訂書專線）
劃撥帳號 / 19911841
戶　　名 / 世茂出版有限公司　　單次郵購總金額未滿500元（含），請加80元掛號費
世茂網站 / www.coolbooks.com.tw
排版製版 / 辰皓國際出版製作有限公司
印　　刷 / 傳興彩色印刷有限公司
初版一刷 / 2022年5月
　　二刷 / 2023年5月

ISBN / 978-986-5408-86-2
定　　價 / 360元